三 分 钟

别害怕
冲突

高子茗◎编著

贵州出版集团
贵州人民出版社

图书在版编目（CIP）数据

别害怕冲突 / 高子茗编著 . — 贵阳 : 贵州人民出
版社 , 2024.5
（三分钟漫画）
ISBN 978-7-221-18340-8

Ⅰ . ①别… Ⅱ . ①高… Ⅲ . ①心理交往—通俗读物
Ⅳ . ① C912.11-49

中国国家版本馆 CIP 数据核字（2024）第 097226 号

三分钟漫画·别害怕冲突

高子茗　编著

出 版 人	朱文迅	
策划编辑	冯应清	
责任编辑	杨雅云	
装帧设计	玥婷设计	
责任印制	蔡继磊	
出版发行	贵州出版集团 贵州人民出版社	
地　　址	贵州省贵阳市观山湖区中天会展城会展东路 SOHO 公寓 A 座	
印　　刷	三河市天润建兴印务有限公司	
版　　次	2024 年 5 月第 1 版	
印　　次	2024 年 5 月第 1 次印刷	
开　　本	710 毫米 ×1000 毫米　1 ／ 16	
印　　张	10	
字　　数	130 千字	
书　　号	ISBN 978-7-221-18340-8	
定　　价	59.00 元	

　　不好意思，害怕与别人起冲突是种病，这绝非危言耸听。或许你就是"患者"中的一员。

　　华为总裁任正非曾说："只有不要脸的人，才会成为成功的人。"准确来说，"不要脸"就是摒弃不好意思的心理。在现代社会里，很难再将自己的不好意思视作柔软，别人也不会将你的不好意思当作善意。在高度竞争的机制下，必须要转变观念，适应其生存规则，也就意味着必须抛却害怕与别人起冲突的心理。事实上在现实生活中，我们也不难发现，那些抛却不掉不好意思心理的人在人生的各项事情上大都难有作为。

　　小项有个同事答应替他办一件很重要的事。小项很高兴，以至于之后那个同事每每让小项帮点儿小忙，他都爽快答应，并且都办得妥帖。但是同事答应替小项办的那件事却没有了下文。因为不好意思，小项没有追问自己的事情进展如何。天真的小项心想："我给他做了不少的事，于情于理，他都应该兑现对我的承诺吧！"基于这一想法，小项就一直等着那个人办好了事情再来通知他。

结果，一直到小项跳槽了，那个人依然没有任何动静，还渐渐联系不上了。后来小项实在等不下去了，就去原单位找那个人，结果发现那个人早就辞职了，现在都不知道在哪了！

当你在看这个故事的时候，是否会从小项身上看到你自己的影子？

诸如此类的例子还有很多很多，生活中的不痛快多半是不好意思造成的。多少人因为不好意思表达爱意，错失了一段良缘；多少人因为不好意思拒绝，便宜了别人牵累了自己；多少人因为不好意思拉下面子，打肿脸充胖子，结果失了面子也丢了里子；又有多少人因为不好意思推销自己，永远活在别人的阴影里，虽不甘心却只能做一辈子的配角……"不好意思"就像一颗毒瘤，让人们在生活、职场、情感、交际等方面吃尽了苦头，已然成为人生道路上不折不扣的绊脚石！

本书是专门为沉溺于"面子世界"的人们量身定做的一部重磅力作，对人们好面子的心理做了透彻的分析，深刻揭示了"害怕冲突"的危害，意在告诫人们面子只是锦上添花的东西，它既不能为人赢得真正的尊重，也不能当饭吃，要适时地抛掉面子，活出自己的风采，做一个敢想、敢说、敢做的人，做一个充满自信、生机勃勃的人！

我的奶酪我做主——勇敢追求自己的利益

拒绝己所不愿——学会将"不"字说出口

我的奶酪我做主
——勇敢追求自己的利益

　　想维护人际关系而选择忍让，乃至纵容别人对你利益的侵害，这是极其要不得的。往往忍让换来的只是更多的无礼。

奶酪被抢了，还能强装淡定？

现实的骨感可容不得半点儿"善有善报"的幻想，你的忍让更多时候只会让某些人在蚕食你的正当利益时更加心安理得。

在这个务实的社会里，每个人都在争取自己的利益，你若不好意思争取，那你应得的利益就会进入他人的荷包。当你面对利益，扭扭捏捏、不好意思的时候，你不妨想一想：我努力认真地工作为的是什么？说到底，无非是想让自己过上更好的生活。然而，当你连自己的正当利益都羞于争取的时候，又何谈为自己创造更好的生活条件，又何谈让自己的内心多一些坦然与从容呢？

当然，勇敢地去争取自己的利益，不是说要锱铢必较，以及不择手段地去算计他人。这份"争"应该秉持如下原则：不求非分之利，但争应得之利。本该是你应得的利益，为什么不好意思争呢？

不争应得之利的后果往往是非常可怕的。

其一，不争己利即意味着自己利益受损。譬如，羞于启齿去争取而导

为什么不好意思争呢？

致应涨的工资未涨、应分的房子未分，你的生活质量谈何保障？更为重要的是，这不仅是对你个人的伤害，你的家人也连带着成了受害者。

其二，不争己利容易导致负面情绪的累积。想必没有一个人会在自己利益受损时还能满不在乎，当愤怒、不甘等负面情绪日益侵蚀你的内心时，你所遭受的伤害绝非简单意义上的利益损失，而是身心的痛苦，这可能会影响你的工作、家庭，乃至人生。

若你不去争取自己的正当利益，是因为拉不下脸面、羞于如此，那是大可不必的。只要你争取的利益是合乎法律、合乎道德、合情合理的，谁又有资格说一个"不"字？恰恰相反，你在自己应得的利益面前不作为，只会助长别人蚕食你正当利益的嚣张气焰。

20世纪30年代，上海有一家书局，在给作者算稿费时，总是有意地将标点符号与段落空格排除在计算字数之外，目的是尽可能地节省支出。很多作者因此有怨言，但是为了保住饭碗都强忍着不说。

幸运的是，这家书局的固定投稿者之一就有鲁迅先生，而鲁迅先生的眼里是容不得半点沙子的。于是，有趣的事情就发生了。

有一回，鲁迅先生故意给他们寄去了一份既未注明标点，亦未划分段落的稿子。书局收到稿子后，不得不给鲁迅先生写信道："请先生划分一下段落与注明一下标点。"鲁迅先生回信中说道："既然空格与标点是必不可少的，那就应该也算在字数里面。"书局最后不得不妥协，只好将空格与标点也计作字数。

既然空格与标点是必不可少的，那就应该也算在字数里面。

有些人，你让一步，他也会投桃报李地做出让步；而另外有些人呢，你越是让步，他就越是步步紧逼，直到将你逼到退无可退的境地。现实中，第二类人绝对不在少数。即是说，你的不好意思往往会引来他人的肆无忌惮。可以说，自我利益受损的罪魁祸首实则就是我们自己，更准确地说，就是我们内心深处自以为待人以善的不好意思。

故而，要想使自己在捍卫自身正当利益时变得坦然与勇敢起来，就需要打破如下两个旧有观念的禁锢。

1. 摒弃吃亏是福的旧观念

有些人在自己利益受损之后，总是喜欢拿"吃亏是福"那一套说辞来自我安慰。但这种听似颇有哲理的心灵鸡汤是否真能抚慰你那受伤的心灵呢？这就需要大家扪心自问了。当然还真不能排除存在这种超凡脱俗、心胸豁达、看破红尘的"高人"。但是平凡的你用"吃亏是福"这套说辞恐怕是难以麻痹自己的。当你看不到吃亏所带来的福报究竟是什么的时候，你就应该反省一下自己了：我为什么会吃这种亏？该如何将吃的这种亏找补回来？以后又该如何避免吃这样的亏？

前不久，范西用一张唐伯虎的名画与朋友换了一张苏东坡的诗帖。范西对苏东坡的书法可一向是情有独钟的。

有一天，范西的几个朋友前来拜访。范西想到这些人都对古玩字画有一定的研究，于是便将那把那张诗帖拿出来给大伙儿欣赏。这一瞧，就瞧出毛病来了，范西的一位朋友说道："与您换东西的这个朋友可有点儿不厚道啊，您算是被他坑惨了！"

与您换东西的这个朋友可有点儿不厚道啊，您算是被他坑惨了！

"怎么说？"范西心中一惊，急忙问道。

"这笔势没有苏东坡的半分风骨，徒有其形而无其神。最重要的是，你看这印，北宋年间是绝不会有这种八宝印泥的。由此，我有十足的把握断定这是赝品。"

"可恶！还假模假样地说是他家的家传之物，看来他是成心要坑我啊！"范西愤怒异常。

朋友在一旁劝慰道："生气就不值当了！常言道，吃亏是福。至少，借由此事，你认清了一个人。"

范西心想自己绝不能就这么吃哑巴亏，于是说道："我必须打电话质问他，给自己讨个公道。"

范西拨通那个朋友的电话。放下电话后，范西释怀地笑道："原来他并非有意骗我的，他只知道那诗帖是他们家祖传的，但没想到会是假的。一听我说了这事，他就连忙向我赔罪，并表示立即将画还给我。嗯，现在算是雨过天晴了！"

自己的正当利益受损了，当然不能忍气吞声，必须拍案而起，以合理途径维护自己的正当利益。一味忍让，往往使自己的正当利益受到更大损失。

2. 不做默默耕耘的老黄牛

办公室里广为人知的一句话是这么说的："升职加薪的不一定是能力强的，万年原地踏步的不一定是能力差的。"其实，这句话包含的意义又何止适用于职场，推之于整个人类社会，都是适用的。换而言之，在现代社会里，"俯首甘为孺子牛"的心气怕是不合时宜了。总是默默地付出，即使自己的利益遭受侵害也是默不作声地忍受，又有谁会在意你？你又如何出得了头？在这个僧多粥少的社会里，你不争如何能拥有？

我要默默付出，俯首甘为孺子牛。

我们当然不是在否定勤恳的价值观，只是难免心有不忍。埋首耕耘的你是否有时会苦笑一声道："我的能力又不弱于他们，我也可以像他们一样光芒万丈。"

在美国兴起采油热的时代，一个小伙子毅然前往采油区淘金。

但刚开始的时候，他只找到了一个检查油桶盖是否盖好的差事，简单、枯燥、毫无挑战性。日复一日地机械操作对这个心怀野心的小伙子来说是不可接受的，于是他果断地找到了主管，并对主管说道："能否给我安排那些具有挑战性的、能赚大钱的工作？"主管冷冷回应道："要么继续好好干，要么立马走人。"

小伙子涨红了脸，差点儿就冲动辞职了。但是他转念想到，他丢掉了这份工作的话，他又能去哪儿呢？于是他只好忍气吞声地继续干着他厌倦的工作。

过了一段时间，他突然认识到："谁说平凡的工作中不能干出创造性的事业？"于是他积极地对自己的工作进行了研究。终于，他发现了一个问题：罐子每旋转一次，滴落三十九滴焊接剂，而实际只需三十八滴就够了。经过反复试验，他终于制造出一种"三十八滴型"焊接机，并推荐给公司。任谁都不会想到，这只是节省一滴焊接剂的焊接机给公司带来的是每年五亿美元的利润。

这个小伙子就是石油大王洛克菲勒。

洛克菲勒的成功在于他坚守于平凡，又不安于平凡。他就像一头"老黄牛"，在平凡的土地上辛勤耕耘；他又像一个发明家，在厚重的人生里勇敢创造。这两种难能可贵的品质集于一身，为其日后的大放异彩奠定了牢固的基石。

在现实生活中，"老黄牛"可谓不胜枚举。他们行色匆匆地从人们身旁走过，却从不会为他人所注目。在这些"老黄牛"的认知里，持续地付出总是能为人们所记挂的，不必刻意地显露自己，也不必总是计较其他，而且表现自己的与众不同是令人难堪、不好意思的。然而结果往往是这种辛勤耕耘的"老黄牛"沦为了人们桌案上的美餐。

忍气吞声，心中有苦说不尽

我们自小就被灌输了这样的思想观念："忍一时风平浪静，退一步海阔天空。"于是乎，我们都变成了乖宝宝：对于别人的请求，从来都不拒绝；对于别人的欺压，总是默默地忍受。

事实证明，忍气吞声不一定能换来别人的尊重，也不一定能改善你的人际关系，甚至会越发让你的正当利益遭受到他人的侵害。

所以，甩掉精神上的包袱吧！让卑微、软弱的自己挺起腰杆，勇敢地捍卫与争取属于自己的利益。跨过这道门槛，你就会发现，一切都将变得不一样。

孙岚比较胆小怕事，遇事总是能忍就忍，因此，他在同事中的存在感极其微弱，好像所有人都没拿他当回事。无论有什么好事，同事们都是最后一个才想到他，甚至有时候都会忘了他。但一遇到不好的事，都总是不约而同地第一个想到他，一致推荐他去带头"蹚雷"。

直到有一天，孙岚终于爆发了。

怎么办？怎么办？

那天，公司给每个员工都准备了一张演唱会的门票作为福利，但发票的那个同事在发到孙岚的时候，对孙岚说道："你肯定对演唱会不感兴趣，正好我有个朋友也想去看，你的就给我吧！"要是平常，孙岚也就忍了，但这场演唱会是孙岚很早就想去的。所以，他故意将声音抬高了八度吼道："谁说我不想去了？！"

发票的同事瞬间懵了，办公室的其他同事纷纷注视过来，露出不可置信的眼神……从此以后，同事们对孙岚尊重与和气多了，再也没有人随随便便地拿走孙岚的东西了。

在生活中确实需要适度的忍让，但不能一丝胆气也没有。若你因为想维护人际关系而选择忍让，乃至纵容别人对你利益的侵害，这是极其要不得的。往往忍让换来的只会是更多的无礼。这时候，你最好的选择就是反抗。经由一次次的反抗，不断地修正你的心理模式与社交方式。最终，出现偏差的人际关系就会慢慢地恢复常态。

1. 坚守忍让的限度

凡事都有一个限度，超过了这个"度"，事态就会向相反的方向发展。在人际交往中，宽容与忍让的确是一种美德，但也是有限度的。在无关紧要的小事上，我们不要斤斤计较；但是，在原则问题上，我们也绝不让步。否则，别人会把你的忍让当成懦弱，变本加厉地伤害你。

朱馨经由自己的努力考上了研究生，与她同寝室的姑娘都是本校保送的，只有她一个来自外校。为了早日融入这个新的集体，她每天都会主动打扫寝室的卫生。

那几个舍友出门在外的时候看着光鲜亮丽，事实上，她们在寝室的时候懒散得很，被子不叠，衣服、鞋子、袜子总是随手一扔，每天都需要朱馨整理好一段时间。时间久了，舍友们便也心安理得地将朱馨当作"女佣"一般使唤。

一会儿帮我把垃圾也倒了。

　　有一次，朱馨身体有些不舒服，就没有打扫宿舍。舍友们回来后，看到乱糟糟的屋子，纷纷指责起朱馨来。这回，朱馨没有唯唯诺诺地自认不是，而是一下子火了，大吼道："我凭什么要为你们收拾房间？谁的垃圾谁去捡！"她越说越气，越说越委屈，继续说道："我与你们一样，也是来上学的，不是来伺候你们的！我以前为你们付出了那么多，你们却这样对我，你们就不能自己收拾一下吗？"

　　宽容与忍让超过了限度就是对别人的纵容，所以，有必要采取行动的时候，就一定要果断采取行动，让那些欺负成为习惯的人知道：原来他不是那么好欺负的！

　　2. 勇敢地表达不满

　　有些人在面对别人侵犯自己利益的时候，或是不敢，或是不好意思，

总是听之任之，不敢反抗。事实上，他们假装大度的伪装下却有着无尽的委屈与不甘。在争取与维护自身利益的时候，为什么不能理直气壮、堂而皇之地表现出来呢？该黑脸时就黑脸，千万别当"老好人"。

　　春秋时期，郑国国相子产陪同郑国国君拜访晋国。

　　然而，晋国却以国君有事为推托迟迟不接见他们，并将他们安排在了一处较为寒酸的宾馆。子产见晋国如此无礼，便命人拆毁了宾馆的围墙，将带来的礼物一股脑地堆在宾馆里。

　　晋国国君听闻子产的行为后大发雷霆，于是派士文伯前去问罪于子产。

　　子产回答士文伯道："我们拆毁宾馆的围墙实在是迫于无奈。这次我们带来了大量的礼物，怎料贵国国君无暇接见，再者，我们又怕坏了礼数，不敢私自进献。因此只能拆毁宾馆的围墙，以便礼物能存储在里面。"

我们拆毁宾馆的围墙实在是迫于无奈。

士文伯无言以对，讪讪地说道："这种事可从来没发生过啊！"

子产复又说道："晋文公在位之时，宫殿很小，但待客的宾馆修得很是宽大、舒适。而且晋文公总会及时地接见宾客。而现在呢，宫室变得宏伟了，宾馆却像奴隶的住所。非但如此，我们还迟迟得不到贵国国君的接见。"

士文伯回去后将子产的这番话转述给了晋国国君。晋国国君听后，知道子产与郑国不可辱，于是赶紧派人前去致歉与慰问。

国力不济，就该受辱？面对晋国对郑国的侮辱，子产坚决说"不"，采取了一系列有理、有力、有节的措施来表达自己的不满。试想，若是子产忍受了此番侮辱，怕是郑国今后会更为晋国所轻视。所以说，子产的"意气用事"非但不是不着眼于大局的冲动之举，反而为郑国争取到了更为长远的利益。为国如此，为人亦当如此，面对别人的侵害与不尊重，就要勇敢地表达心中的不满。

不敢争利，是对自己的不负责

> 物竞天择，适者生存。这是放之四海而皆准的自然法则，必须为我们刻骨铭记。在如今这个社会，何为"适者"？适者指的就是敢于并善于争取及维护自身利益的人。不让利，并不是一种不道德；不好意思争取己利，却是对自我最大的不负责。

面对各种利益，有人就是不好意思去争取。准确来说，这份不好意思有的是羞于去争，有的则是不屑去争。他们的道德与善良令他们固执地认为：不争不抢，岁月静好。该是我的就会是我的。事实上，这种面对自身该得的利益时的无为态度，无疑是对自我极大的不负责任。

就剩这一块了，你要真不吃我就吃了。

小董出身于农村，打小性格就比较内向。

大学毕业后，小董走上了工作岗位。在自己的岗位上，小董干得极为用心，也非常出色。然而，每当大家对公司的升职机会与各种福利待遇摩拳擦掌之时，小董总是尽量退让。

按常理而言，小董这种高风亮节的行为应该深得领导的心才对。然而事实并非如此。

有一次，领导在酒后谈到了自己的几个下属。说到小董的时候，领导是这样说的："小董啊！他啥都不争、啥也不抢，他要不是缺乏进取心，就是不太看重现在的这份工作！"

总有那么些人，怀揣着这样天真的想法：借由利益的退让而塑造自己在别人眼中的良好印象。殊不知你的懦弱只会让人消减对你的信心、产生对你能力的质疑。就如同小董那般，自己的不争不抢却成了领导眼中的不求上进。

在这个竞争激烈的时代，不善争利的人就是社会的弱者，就难以获

得提升的机会。对于那些天真的人，残酷的现实只会无情地给他几个耳光。哪怕你付出了再大的努力、做出了再大的贡献，不去争取你的报酬、不去争取你的利益，你的所有作为很可能都是枉费心血、都是一厢情愿，落得个徒劳无功、满腔怨气。

　　小舟与小林是相处多年的同事，也是相交多年的好朋友。

　　小林虽然有很强的工作能力，但他不太喜欢为自己争取利益。遇到升职加薪的机会，小林总是会回避、退让。因此，小林在公司干了多年，始终得不到领导的重视。

　　而小舟则不同，小舟积极、热情、外向、上进，工作干得也非常出色，为此没少受领导的表扬。同时，小舟对加薪、升职等各项关系到自身利益的事也充满了兴趣。有时在领导面前小舟也毫不讳言对各种荣誉、利益的渴望。有一次，小舟甚至在电梯里直接询问领导有关年终奖的事情。奇怪的是，领导对小舟还是一如既往地喜欢。

　　渐渐地，小舟与小林的差别越来越大。当小舟已经成为部门主管时，小林依旧在原地踏步。

我已经是领导了，你还在原地踏步呢。

可以看到，导致小林与小舟发展前途出现差异的关键，就是两人对自我利益的不同态度。曾有人这么说："过分退让就是愚蠢。"这话虽有些刻薄，但不可谓不深刻。

那么，在利益面前，如何做才算得上自我负责的态度呢？

1. 勇于尝试，善争己利

面对一些模糊的利益，好多人都表示从未争取过。那么，为什么不去争取一下呢？怕遭人拒绝、怕遭人非议……归根结底，就是因为不好意思。事实上，这种心理完全没有必要。去争取，不可能的有可能变成可能；不争取，可能的也会变成不可能。

曾有人做过这样一个实验。研究者将100位有着不同职业的志愿者带进了一个偏远的小村落，以考验他们的野外生存能力。

50%的人完全遵从研究者的要求，进入村落后便各自独立、自主地谋划起了生存大计。

40%的人会咨询一下研究者，问可不可以提供一些必要的设备与器具。当得到否定的答复后，他们会失望离开，不再坚持。

50%的人进入村落后便各自独立、自主地谋划起了生存大计。

只有10%的人会缠着研究者，不厌其烦地要求各种便利条件。最后不胜其扰的研究者会满足他们的要求。

后来，研究者调出这10个人的资料查看时才发现，他们几乎都在现实生活中扮演着领导者的角色。而那些顺从、毫无主见的人，则几乎全是底层工作者。

这10%的人几乎都在现实生活中扮演着领导者的角色。

这个事例不是为了说明具有积极争取精神的人更易成为一个领导者，而是为了说明现实生活中的多数人缺乏争取自身合理利益的精神。事实上，从这项有趣的实验中，我们能很好地悟出这样一个浅显而又深刻的道理：该去争取自身利益时，一定要摒弃"不好意思"的心理。事实上，在生活中我们有太多的利益需要去保护与争取。若是你不好意思去争，你就会发现你的利益正在为他人所蚕食。若你不加以制止，别人谨小慎微的蚕食或许就会变成肆无忌惮的鲸吞。到时你必将悔之晚矣！

2. 抢占先机，不让己利

对敌人仁慈，就是对自己残忍。所以，聪明人都会选择"先下手为强"，避免"后下手遭殃"。掌控了先机，你才能建立起对他人的优势，打败你的竞争者，无惧他人对你的挑战。

东汉时期，班超受命出使西域。

初到鄯善国，班超一行人受到了鄯善王热情而周到的招待。基于此，班超觉得与鄯善国建立友好关系自然不在话下。但没过多久，鄯善王对汉朝使团的态度发生了一百八十度的转变。鉴于此情形，班超断言，必是匈奴使节也来到了鄯善国。一番调查之后，果如班超所料。

次日，班超把负责招待汉朝使团的鄯善国礼宾人员叫了进来，威胁他并问道："匈奴使团到此多少天了？"

鄯善国礼宾人员迫于形势，老实回答道："已经来了三天了。"

"他们现在驻扎在何地？"班超继续问道。

"离此三十里之外的地方。"鄯善国礼宾人员快速回答道。

摸清了匈奴使团的情况后，班超慷慨悲壮地对随行人员说道："我们奉命来此，为了两国能顺利建交，不惜粉身碎骨。可如今，面对着匈奴的威胁，鄯善王故意疏远了我们，情况不妙啊！而且，敌众我寡，若

已经来了三天了，现在在离此三十里之外的地方。

鄯善王将我们献给匈奴，那大家只能葬身于此了！"

看到大家义愤填膺的样子，班超从容淡定地说道："不入虎穴，焉得虎子。现在唯有一法，先下手为强。我们乘着夜色对匈奴使者发起火攻，就地予以全歼。如此，我们才有一线生机，才能不辱使命。"

听了班超的话，大伙个个血脉偾张。

最后，班超率领众人以少胜多，全歼了匈奴使团。事情发展到了这一步，鄯善王也只好臣服于汉朝。

可以看到，班超审时度势，先下手为强，斩杀了匈奴使节，成功使鄯善王归顺汉朝。从中，我们不难获得这样的启发：只有掌握了主动权，才能更好地争取到我们的利益。抢占先机，不让己利，即是说在面对我们可得、应得之利益时，我们不能守株待兔，指望着别人的施舍与分享，而是应该运用手段主动地去争取。

先下手为强，拿到手的利益才是实惠；后下手遭殃，拿不到的利益也就成了心头的委屈。我不得不再次强调这一观点：在现代社会中，敢于并善于争取自身利益的人才能成为生活的强者。

心里有底气，才能无往不"利"

若我们总是缺乏自信，总是在自觉不如人的负面情绪压抑下怨天尤人，那谁又肯将目光倾注于我们身上呢?

不难发现，在各种场合中，后排的座位总是首先被坐满。因为，坐后排的人怕自己"太显眼"，怕自己太受注目。然而，不让自己显眼起来，又如何能取得成功?

当"铁娘子"撒切尔夫人还是一个小女孩的时候，她的父亲如此教育她："玛格丽特，无论做什么事你都要力争一流，再苦再难都不要气馁，就算是坐公共汽车，你也要永远坐在前排。"

就算是坐公共汽车，你也要永远坐在前排。

对于一个稚嫩的孩童而言，这样的要求未免有些苛刻。但时间证明了她所接受的这番教育是异常宝贵的。正是这种近乎残酷的教育，才塑造了玛格丽特无论面对任何事都一往无前的信心与决心。

在上大学的时候，玛格丽特凭借顽强的毅力在各门功课上都做到了极致，以至于当时的大学校长如此评价她道："毫无疑问，她是我所见过的最优秀的学生。她总是雄心勃勃，任何事情都难不倒她。"40 多年后，她成为了英国历史上的第一位女首相，并且雄踞政坛达 11 年之久。

我要感谢我的父亲，让我做事总是做到极致。

曾经有位哲学家如此说道："无论做什么事情，你的态度决定着你的高度。"所以说，要想站在舞台上，就必须得敢为人先、敢上人前、敢于将自己置于万众瞩目之下。

1. 相信自己与众不同

在这个世界上，每个人都是独一无二、不可或缺的存在，无论是叱咤风云的政治人物还是平淡度日的布衣平民。所以说，妄自菲薄大可不必。

山的断崖上，不知怎么地冒出了一株小百合。它刚长出来时，与一株野草别无二致。不过，它始终如此告诫自己："我不是野草，而是高贵的百合。我一定要开出美丽的花朵，来证明我高贵的身份。"它努力地接受阳光的照射、努力地汲取露水的滋养、努力地扎稳脚跟、努力地挺起胸膛。

然而，花期就要结束，它还没开出花来。以至于那些蜜蜂啊、蝴蝶啊，都来嘲笑它："你老是说你不是野草，你倒是开朵花给我们大伙儿瞧瞧呀！"百合坚定地回答道："我一定会开出美丽的花朵的，到时候，你们就会知道你们是多么的无知！"

终于，百合开花了，靓丽的风姿成为了峭崖上的一道绝美风景。

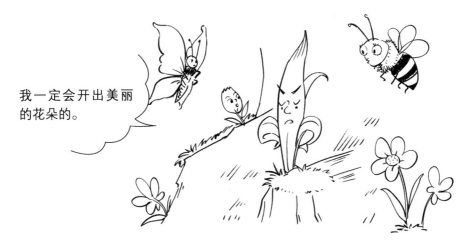

我一定会开出美丽的花朵的。

试着提升自信，相信自己与众不同，无论是面貌还是能力，我们都有着无可取代的特质。自信是奠定一个人走向成功的基石，你不可或缺。

2. 认清自己的优劣势

世界上不存在全能的人，即便是成功者，也一定有他不擅长的事情。所以要扬长避短，发挥自己的优势。毫不夸张地说，一个人取得成功的

关键就在于他能扬己之所长、避己之所短。所以，我们要懂得做出取舍，而不能强迫自己去做一些自己不愿、不擅长的事情。

Facebook 的成功，很大程度上靠其管理团队成功的营销运作。然而，扎克伯格并不擅长做营销工作。但这丝毫没有影响到他的成功，因为他可以找到精通营销的人为其工作。

扎克伯格自己说道："我的成功，不是因为我什么都会做，而是我了解我不会做什么，而且能让会的人帮我处理我所不会的事情。而我则负责我所精通而别人不会的事情。"扎克伯格最擅长技术与用户分析，因而他将自己主要的精力都放在这两项工作上。可以看到，Facebook 能做到业界翘楚，这两项工作上的技术优势可谓功不可没。

我能让会的人帮我处理我所不会的事情。

扎克伯格认识到自己不懂营销，于是将营销工作交给精通的人去做；扎克伯格了解自己善于分析技术与用户，便着力在这方面钻研。可以说，正是扎克伯格对自己身上优劣势的清晰了解，才能如此稳健、快速地取得成功。

3.学会向人推销自己

很多人在内心深处一直坚信：只要自己有真才实学，就一定能出人头地。可是，抱怨怀才不遇的人还是有那么多。他们是没有真才实学吗？当然不是，他们只是被"埋"得太深了而已。其实有时候，你必须高调起来，充分展示你的才华，你才有机会获得成功。

事实上，无论你从事什么工作，你都是在推销一件产品，即你自己。或许你对此毫无察觉，但这就是事实。你将自己推销给老板，能升职加薪；你将自己推销给朋友，能获得友谊；你将自己推销给同事，能获得尊重与帮助；你将自己推销给客户，能获得生意与订单。戴尔·卡耐基曾这样说道："不要怕推销自己，只要你认为自己有才华。"

吴辜与越建本是同学，后来还一起进了同一家公司。在应聘时，吴辜的面试成绩要好于越建，进入公司后，吴辜也确实更为领导所赏识与看重。

出于培养员工的目的，领导决定派吴辜与越建去下属子公司历练一段时间。事实上，那个子公司经营惨淡，领导早就有将其解散的打算。而且这也是公司内部人尽皆知的事情。

收到任命后，吴辜甚为苦恼，心想道："这与被流放有什么区别？"于是他找到领导，想做最后的抗争。没想到的是，领导听了吴辜委屈的诉苦后大为恼火，怒道："人家越建不仅欣然接受，还表示一定要干出成绩。而你呢，分明是畏惧苦难、不思进取，还有脸来找我谈？以前我真是看错你了！"

就这样，一个心甘情愿，一个不情不愿，两人从此开始了在子公司的工作。吴辜整日唉声叹气、敷衍了事。反观越建，却是积极地四处联系业务，并不断向公司反馈业绩情况；同时频繁前往总公司，与领导面谈，推销他的营销思路与发展计划……在越建的努力下，子公司的业绩不断攀升，不仅扭亏为盈，而且还成为同行业的标杆。

年底的时候，总公司发来了一个任命：升任越建为市场部经理，过完年后即回总公司任职。吴辜这才如梦初醒："为什么我就没想到将下放到子公司的安排看作是一次展示自己才能的机会呢？以我的能力，我一定比越建干得还好。只可惜，悔之晚矣！"

可以说，正是因为吴辜放弃了展示自己的机会，而越建及时地发挥了自己的优势、主动地展示了自己的才能，才会导致二人最后不同的命运走向。

邀功好意思，你的付出才会被重视

> 要想让自己的付出得到别人的重视，就要学会"邀功"。
> 这里所说的邀功，并不是叫你奴颜婢膝地去逢迎上位者，而是
> 学着展露自己的才华，让那些上位者看到你是有多么努力，以
> 及你干出了多么了不起的业绩。

蒋韬工作一向踏实、认真，但就是过于内向、低调，见到领导总是有意地回避、远离。譬如，在公司的某些活动场合，蒋韬本来还算活跃，但领导一出现，蒋韬就如同霜打了的茄子，瞬间没了活力；又像畏惧猫的老鼠，一个人躲得远远的。每每与领导擦肩而过，蒋韬都会觉得莫名地窘迫，想打招呼又不好意思。

　　蒋韬如此种种的行为表现被领导看在眼里，于是领导就会觉得蒋韬不够大气、缺乏才干。是故领导在考虑工作安排的时候，总是很难将那些重要的工作交付给蒋韬去处理。

　　本来，低调与谦虚是一种难能可贵的美德，但凡事都怕过火，过分的低调只会让自己愈显卑微。就如同蒋韬这般，从不好意思与领导打招呼发展到了畏惧领导。而站在领导的立场来看，员工种种的低调行为无非是其缺少真才实干的表现。可以想见，一个人若是给领导留下了不好的印象，那他又怎会有上升空间可言。

　　就设定在职场这一特定场景而言，这种邀功或许更为通俗地来说，就是更好地与领导沟通、交流。员工只有经常性地让领导看到你在干什么，让领导意识到你所做的工作的价值与意义，让领导认识到你能给公司创造的收益，以及你在工作中无可取代的地位，领导才会回馈给你应得的精神嘉奖与物质奖励。反之，若是忽视了这种交流与沟通的重要性，工作乃至人生都会遭受一些本可避免的挫折。

感谢领导百忙之中抽出时间听取我的汇报。

沈文从事的是销售行业，需要勤于跑业务，在外面的时间比在公司还要多。再加上他这个人平时就有点儿傲慢，不屑于与同事及领导刻意套近乎，导致领导了解沈文提交的工作绩效胜于他本人。或许沈文心想的是，公司要的是能做出业绩的人，又不是一群马屁精。

突然有一天，一位与沈文相交还不错的同事对沈文说道："受困于目前的经济形势，公司的运营状况很是艰难。基于此，公司似乎有裁员的打算了。不幸的是，我就是其中一个。今天领导把我叫进办公室说了好久，说什么公司运营艰难，他也没有办法，叫我理解。就这样，我被无限期放假了。哼，真希望这破公司早点儿玩完！"

听同事抱怨了一通，沈文宽慰了几句。本以为同事就此消停了，没想到同事又一副菩萨心肠地说道："沈文，本来我是不忍心说的，但看在咱们的交情上，我也就直说了吧！你呀，就知道干活，也不懂得向那些'官老爷'邀功请赏，领导认不认识你怕都成问题！不是我乌鸦嘴，要是这次裁员人数多的话，你很可能也会成为牺牲品。"

沈文满不在乎地说道："我不相信领导看不到我做出的成绩！你

说得可就有点儿危言耸听了。别想那么多，趁此机会好好休息一下也不错！"

不想一语成谶，几天后，沈文抱着堆满文件的纸箱走出了公司。

早知道这样，我也应该让领导好好记住我。

显然，沈文对"邀功"的真谛茫然不知，他认为一份冰冷的业绩报告胜过让领导了解他这个人、了解他付出了多少心血。然而事实上，不懂"邀功"的沈文在领导心里并没有占据什么不可或缺的分量，最后被弃之如敝履也就在情理之中了。

作为一个上进者，不要不好意思地觉得"邀功"是一种急功近利的可鄙行为，不要担心你的"邀功"行为会让老板认为你是在与他谈条件而厌弃你。天下熙熙，皆为利来；天下攘攘，皆为利往。事实上，你的不好意思在别人眼里反而是一种不思上进、没有担当的表现。所以我们不能不好意思"邀功"。

那么，我们如何巧妙地"邀功"呢？

1.让领导看到你的努力

在职场上，不少人常会有这样的抱怨：领导是瞎子吗？明明我比他优秀好吧！或许你确实要比某些人干得更为出色，但为什么领导总是青睐于那些你所认为不如你的人呢？追根究底是因为别人比你更会在领导面前展现成绩。形象地来说就是，别人干了三分的成绩能让领导看到三分，而你干了十分的成绩却只让领导看到了一分。由此在领导的认知里，你的能力也就只有一分而已。

一个聪明的人不仅懂得如何将工作做得圆满，而且懂得如何让领导看到你在完成工作的过程中是有多么拼命。事实上，有时候过程比结果还要来得重要一些。因为你的拼命劲儿会无形中提高你在领导心目中的地位。

所以说，一个人在工作中不但要会干、能干，还要学会巧干，巧妙地让领导看在眼里、记在心里。如此，当需要有人担当重任的时候，领导才会第一时间想到你。

　　杨丽丽在一家公司做广告策划。有一次，杨丽丽完成了一个筹划了很久的策划案，满心认为这份心血之作呈交上去的时候必会引得老板的赞叹。然而令杨丽丽没想到的是，这份策划案给她带来的却是老板对其刻薄的批评。

　　老板如此说道："丽丽，即便一时打不开思路，也不能侵占同事的劳动成果啊！这可是关系到一个人的人品问题！你看看，你这份策划案与美美做的简直如出一辙，你怎么解释？"

　　在丽丽听来，老板的话语如同晴天霹雳，使丽丽一时失了神。

　　丽丽上交策划案的时候之所以会被老板质疑抄袭，或许更多的原因是因为丽丽没能将自己的工作状态呈现在老板的眼皮底下。当一先一后两份雷同的报告拿在手里的时候，老板自然而然地就会认为是后者抄袭了前者。所以说一定要让领导看到你的努力，才能稳固你在领导心目中的地位。

2. 经常与领导进行沟通

我们要知道，任何一个领导都是愿意甚至是渴望与下属进行沟通、交流的，他们希望经由下属的反映来了解一些现实存在而自己又无法察觉的问题，毕竟再高明的人精力也是有限的。然而就是有很多人不好意思、不敢主动地去与领导进行沟通。这不仅不利于展现自己的才华，而且极有可能误了大事。

老板准备一个星期后召开经理级会议，于是吩咐朱贞拟定会议讨论事项。

朱贞干秘书及行政工作已经有好些年头了，处理起这样的事情来可谓不费吹灰之力。朱贞早早就完成了任务，并将电子文档发到了老板的邮箱。

然而距离会议开始还有两天的时候，老板叫来朱贞，并训斥她道："为什么现在还没有上交你做的计划？你做事怎么变得如此拖拉了？"

朱贞奇怪地回答道："在您吩咐的次日，我就已经把拟定的会议安

这太简单了，这么快就完成了。我赶紧把文档发到老板邮箱。

排发到了您的邮箱，您没看到吗？"

老板还是有些不满地说道："我最近一段时间忙着洽谈业务，哪有什么时间看邮箱。以后你再遇到类似的事情，一定要提醒我查收邮箱。这种做事的常识，还要我来教你吗？总是这样闷不作声的，很有可能会误事的。"

以后，你再遇到类似的事情，一定要提醒我查收邮箱。

朱贞的错误就是未能与老板进行及时、有效的沟通。本来朱贞的高效率是会得到老板赏识的，但就是因为未能及时地沟通，反而给老板留下了不好的印象。

事实上，沟通是职场情商的重要一环。作为下属，学会沟通，才能吸引领导的目光，才能引起领导的重视，也才能在职场竞争中占得先机。金子若是蒙了尘，又如何散发耀眼的光芒呢？这层尘埃就是沟通的缺失。所以说要想脱颖而出，就必须学会与领导进行及时、良好、高效、愉悦的沟通。

3. 适时向领导提出要求

职场上，很多人努力工作后发现拿到手的酬劳根本不值自己呕心沥血的付出，但又往往出于不好意思的心理，羞于向领导邀功请赏。事实上，只要掌握了适时邀功请赏的技巧，你就能自然地讨来自己应得的报酬。

秦阳为一家公司服务了很多年，不仅有才干、有能力，而且一直兢兢业业。只要一碰到问题，无论是大是小，老板都会第一时间想到秦阳，让其带头负责处理。

能得到老板的认可与赏识，秦阳是极为满足的。但多少年如一日，秦阳的职位与待遇却一直没有动过，这让他很是苦恼。于是秦阳就想着找个机会与老板好好聊聊。

有一次，由秦阳带头处理的一个重要项目顺利完成，为公司创造了很大的收益。为示庆贺，老板特意置办宴席犒劳为了项目废寝忘食的一众同仁。

酒宴上，秦阳见老板兴致高昂，于是端起酒杯走向老板，对老板说道："能取得这样的成绩，全仰仗老板的英明领导。"

能取得这样的成绩，全仰仗老板的英明领导。

老板志得意满地说道："有贤君还得有良将啊！秦阳，这个项目能顺利完成，你可是头号功臣。我都记在心里了。"

秦阳趁势说道："只要项目能够顺利完成，我们再辛苦都是值得的。只是可惜，家人只怕是要怪我没有践行带他们出去度假的诺言！"

闻言，老板拍了拍秦阳的肩膀，说道："小秦啊，你这些年对公司的付出，我都看在眼里、记在心里。目前公司还有很多事需要你去处理，我可不能随便就放了你的大假。不过，你的薪资待遇是要动一动了。希望你不要埋怨我，也希望你能再接再厉啊！"

听了老板这句话，秦阳笑着说道："谢谢老板，我一定会继续努力的。"

趁着老板高兴，或者说老板意识到你的价值之际，秦阳适时而又有技巧性地向老板提出了自己的期待，并顺利获得升职加薪的许诺。在职场打拼的人们，都应该学学秦阳的招数，在适当的时机向你的领导"邀功请赏"。

趣味小测试

1. 对你而言，放弃什么最不心疼？

A. 金钱，接测试 2

B. 情感，接测试 4

C. 权力，接测试 3

2. 牺牲自己的利益成全别人的人是不是很傻？

A. 是的，接测试 4

B. 不是，接测试 3

C. 不知道，接测试 6

3. 你会在乎别人对你的看法吗？

A. 在乎，接测试 4

B. 不在乎，接测试 7

C. 偶尔，接测试 5

4. 你会无私地向人提供帮助吗？

A. 会，接测试 6

B. 不会，接测试 7

C. 不确定，接测试 8

5. 你身边有没有牺牲自己成全别人的人?

A. 有，接测试 7

B. 没有，接测试 8

C. 不清楚，接测试 6

6. 你会为了谁牺牲自己的利益?

A. 亲人，接测试 9

B. 朋友，接测试 7

C. 陌生人，接测试 10

7. 你在乎自己的名声吗?

A. 在乎，接测试 8

B. 不在乎，接测试 10

C. 一般，接测试 9

8. 恋人要求分手，你会?

A. 同意，属Ⅲ

B. 不同意，接测试 9

C. 不知所措，接测试 10

9. 若地球上所有的人都没了私欲，你觉得好吗?

A. 好，属Ⅱ

B. 不好，属Ⅳ

C. 不清楚，接测试 10

10. 你希望别人牺牲他们的利益来成全你吗?

A. 希望，属 I

B. 不希望，属 III

C. 觉得不可能，属 II

类型		对自我利益的把控能力
I	★	总是牺牲自己的利益。你乐于为大家服务，总是热心地帮助他人。即便有人说你傻，你也不在意。
II	★★	有时会牺牲自己的利益。若需要牺牲的利益并不大，你还可以接受的话，你会选择成全别人。
III	★★★	几乎不会牺牲自己的利益。需要牺牲自己利益的时候，你会表现得很慎重，总是尽可能地维护你的利益。
IV	★★★★	不会牺牲自己的利益。世俗、自私而平凡，对牺牲自己利益的事持抗拒态度。

拒绝己所不愿
——学会将"不"字说出口

面对别人的要求，犹豫是一种审慎，对他人及自己负责任的态度。不假思索地答应别人提出的要求，有时只会让自己陷入糟糕的境地。

一个"不"字而已，出口何难

> 很多人总是不好意思拒绝别人，明明心里想的是"对不起，我真的无能为力"，但说出口的又是"好吧，我尽力而为"。

若以此问题质问那些不好意思说"不"的人，他们的回答往往是："因为我怕我直接拒绝会伤了大家的和气，所以对心中的'不'总是难以启齿！"

年近中年的黎旭在一家大型企业里上班，而且还有一个相貌出众的女朋友。在周围人的眼里，黎旭是惹人钦羡的对象。然而黎旭却是有苦难言。在一次与同事的饭局上，黎旭向同事倾诉道："其实，我挺不喜欢自己的性格的。无论大事小事，朋友们都喜欢找我帮忙，而我不管为不为难都尽己所能地提供帮助。面对女朋友，无论是什么要求，我也是

说实话，我并没有感到有多大的成就感。

尽可能地予以满足。说实话，我并没有感到有多大的成就感，相反，这一切让我很压抑。"

对于黎旭的这番话，同事感到有些讶异，于是试探性地问道："那你为什么不拒绝他们呢？"黎旭懊恼地说道："因为我怕我的拒绝会伤害我们之间的感情！"

现实生活中，如黎旭这般羞于说"不"的人又岂在少数。这种人仿佛天生就有一种道德责任感，总是以他心为己心，生怕他人会因为自己受到丁点儿的伤害与委屈。于是面对他人的要求，他们也就呈现出了一副来者不拒，或者说是不好意思拒绝的姿态，任人予取予求。

这种不好意思拒绝别人的心态，仿佛是一种病，以至于折磨得他们总是在脑补这样的画面：自己严词拒绝对方的无理要求，对方则暴跳如雷，肆意地指责与谩骂自己。总是承载着这种道德压力的重负，让他们苦不堪言。

他们之所以不好意思拒绝别人，一是因为他们怀着不忍心伤害他人的善念，二则是他们根本不懂如何技巧性地去拒绝别人。为此，要想改变不好意思说"不"的情形，可从以下两点做起：

1. 不因拒绝他人而愧疚

你要明白，你出于自我能力的考量而做出的拒绝决定，无论对方是否高兴，你都没有必要为此承担任何的情感负担或道德压力。即是说，你无须为拒绝他人而感到羞愧。若你就是甩不掉情感的包袱，那你就只能让自己的心一次又一次地遭受委屈。所以该拒绝的时候就应该毫不犹豫地拒绝，即使你的拒绝会让他人心生不快。但那又与你有什么关系呢？

倪莹洁也算公司的老员工了，对公司的业务很熟悉，也正因为如此，经理总是给她委派很多任务。开始时，她还为此感到高兴，认为是经理看重她。但渐渐地随着任务量的不断累积，身心俱疲的她有些吃不消了。但是她又不好意思拒绝，总是想着：经理总会理解她的难处的，也许不久就能将任务分配得再合理些。然而经理好像就是意识不到似的，依旧将工作任务不断地委派给她。没有办法，倪莹洁只得加班加点、废寝忘食地工作。

终于，当经理又一次给她安排工作的时候，倪莹洁鼓起勇气对经理说道："我现在手头上大大小小的案子已经有好几个了，实在是分身乏

术了。"面对倪莹洁的首次拒绝，经理先是有点儿错愕，而后有点儿不快地说道："可是，只有交给你跟进，我才放心！"倪莹洁接着说道："或许我可以赶一赶，但是希望您能安排几个帮手来协助我一下。"经理没多想就痛快答应了。

一开始，倪莹洁对经理的工作安排总是照单全收，从未有过拒绝，以至于身心俱疲。可能她早就有了拒绝的意向，只是抹不开面子——作为一个下属，又怎么能拒绝领导的工作安排呢？可是随着工作安排越发不合理，她不想拒绝也不得不拒绝了。然而正是因为这种勇敢的行为，她的工作环境立马为之一变。所以说，你若羞于将拒绝的话说出口，又有谁会知道你内心的真实想法与需求呢？

2.换种说法，委婉拒绝

在我们想要拒绝他人的时候，不妨换种说法，委婉地予以拒绝。如此一来，或许就能消减我们无力助人的愧疚，别人也比较容易接受。

蒲宁是一家企业的部门负责人。正因为此，时不时就有人求她安排工作，这让她不胜其扰。有一天，她打小儿玩到大的闺蜜开口相求："阿

宁，我女儿眼看就要大学毕业了，你这个做阿姨的能不能给她在你们公司安排一个好职位啊？"说着，闺蜜就将她女儿的简历塞到了蒲宁的手上。看过之后，蒲宁真的是有心无力，因为她这个小外甥女所学的专业与自己公司根本就不对口，强塞进自己公司只会招人口舌。但是面对闺蜜的请求，蒲宁是无论如何也不能直言拒绝的。

于是，蒲宁对闺蜜如此说道："我是非常乐意将小外甥女放在我身边照看的，但不巧的是，我们公司目前还没有什么招聘计划。当然，对于小外甥女的前途，我肯定会操心的。对了，我认识一个朋友，他们公司的实力比我们这儿还要雄厚，而且我听说他们那儿最近正在招人。"说完，蒲宁就将那位朋友的联系方式给了闺蜜。虽然蒲宁没有帮上忙，但闺蜜还是很欢喜。

我认识一个朋友，他们公司待遇更好，而且我听说他们那儿最近正在招人。

蒲宁清楚自己无力为闺密的女儿安排工作，而且直言拒绝很可能会伤害与闺密之间的情谊，于是巧妙地借由自己公司没有招聘计划来委婉拒绝。更重要的是，蒲宁热心地为闺密提供建议与帮助，不仅未因拒绝而伤了情面，而且让闺密发自内心地感激。

拒绝当老好人，你不是救世主

在不同的社交圈里，总有些人被公认为是他们当中的"老好人"，无论别人提出什么请求，他们都会尽其所能地予以满足，不必担心从他们嘴里听到一个"不"字。而且这种老好人也很享受扮演这种"救世主"的角色。

对于这种"社交明星"的待遇，他们是颇为自得的。但是想想看，真的是所有人的要求，他们都能轻松解决吗？毫无疑问，答案是否定的。当一个人应承了自己根本办不到的事情后，他会遭遇什么呢？很可能会陷入巨大的麻烦中进退两难。

若你正是朋友眼中的"老好人"，或是你正陶醉于"我是救世主"的良好感觉里，那你就需要对此般境况细细思量了。

我是老好人，我要努力帮助别人。

卓舟对朋友总是有求必应，所以朋友们纷纷找他帮忙。久而久之，他产生了一种错觉："看来，我在朋友们的心目中还是蛮重要的嘛！"然而经过了下面一件事，卓舟陷入了迷茫。

国庆节的时候，卓舟的同事小陆与女友准备前往马尔代夫旅行结婚。临出发前，小陆找到卓舟，要将宠物犬寄养在卓舟家。卓舟的妻子对此非常不乐意，但面对同事的请求，卓舟还是一如既往地满口答应了。为此妻子大发牢骚："你不知道我很怕狗吗，为什么还要答应？"卓舟辩解道："朋友看得起我，所以才会找我帮忙，我怎么能拒绝。再说也没有多少日子，举手之劳的事何必如此斤斤计较！"妻子无奈，只能默默地接受了这一事实。

然而有一天，妻子站在凳子上晾晒衣服的时候，身旁的那条狗不知怎地突然狂吠起来，将毫无心理准备的妻子惊吓得从凳子上摔了下来。妻子摔下来的时候碰倒了旁边的花几，连带着将那条狗也砸伤了，而且伤势还不轻。

小陆夫妇旅行回来的时候，看到自己心爱的宠物狗受了伤，顿时来了脾气，对着卓舟就是一通数落："你照顾不来就早说嘛，也不至于搞

把我的宠物狗放你家帮我照看几天吧。

不就是一条狗吗，放心吧，我会帮你照顾好的。

成现在这种情况。"卓舟哭丧着脸说："你只看到爱犬受伤，却对我妻子的摔伤漠不关心，我帮了半天忙，却落了一通埋怨，我招谁惹谁了？我当初就应该听妻子的话，拒绝这些乱七八糟的事情，也不至于落得如今里外不是人的窘境。"

你只看到爱犬受伤，却对我妻子的摔伤漠不关心。

事实上，卓舟若是一早就予以拒绝，也不会有后来的糟心事。只能说，他所遭遇到的委屈完全是他自鸣得意的"救世主心态"作祟的结果。对于别人的请求，有这类心态的人总认为自己有道德义务，在完全不考虑实际情况的前提下就毫不犹豫地答应了。只有当陷入麻烦中的时候，他们才会后悔自己的无知与轻率。

一个人有乐于助人的心肠是值得肯定的，但在你冲动应承别人的请求前，你脑海中一定要反复念叨一句话："我是人，不是神！"是的，每个人的能力都是有限的，答应那些自己根本办不到或者办不好的事无异于自找麻烦，甚至会误人之事。从此种意义上来说，拒绝是对自己的善意，也是对他人的一种善意。

1. 无能为力的事必须拒绝

面对别人的请求，我们首先要对自己的能力做一番审视，看自己是否有能力应对别人所求之事。若没有就不要勉强地答应。这时候，依据

自己的实际情况坦诚自己拒绝的理由，获得的将是别人的理解。

齐宛大学毕业后进了一家公司做文员。虽然这项工作单调、烦琐、费时，但乐观的齐宛总是将这种机械式的忙碌当作一种充实的生活。

平日里，齐宛与同事们相处得非常融洽，对于同事们时不时提出的协助请求，齐宛总是尽己所能地予以满足。在齐宛的认知里，作为一个初出茅庐的年轻人，多出出力是无可厚非的，也是理所当然的。所以，无论是领导还是同事，都非常喜欢齐宛这个聪明伶俐、勤奋敬业的小姑娘。

有一天，一位同事请求齐宛帮她复印一些资料，齐宛迟疑了一下，但还是答应了。事实上，齐宛那天手头的工作非常多，她本想拒绝的，但以往自己从没有对同事们的请求说半个"不"字，如今她也不好意思说出口。而且她心想："这也不过是一件小事，顺便做了就行了。"

结果那天由于齐宛加班到很晚才将自己手头的工作处理完毕，最后竟然将同事托付的事情给忘记了。

这件小事导致的后果是同事满心怨怒，齐宛深感愧疚。

我要的资料为什么没给我复印，害得我被老板批评。

不好意思，我给忘记了。

量力而行是非常重要的。正是因为齐宛没有权衡好自己的工作能力，或者更准确地说是没有对工作进度予以合理地规划与掌控，才造成这样的局面。面对他人的请求，我们必须要衡量一下自己是否有足够的能力承载别人的寄托。若我们确实是心有余而力不足，那拒绝往往是最好的选择。

2. 考虑清楚后再答应别人

"救世主"的口头禅通常是："交给我，你尽可放心！"而且没有丝毫的犹豫。好像无论任何事情，只要到了他手里就都不成问题。而事实往往是你答应得越爽快，事情越不顺利。如此几番之后，"救世主"也就跌落神坛了，甚至成为别人眼中的无信之人。

所以在你答应别人请求前，不妨给自己预留些思考的时间。当别人开口相求时，你可以这样说："给我点儿时间考虑下可以吗？"深思熟虑之后，你做出的决断也就不会那么轻易地让你陷入麻烦，因为你对你的实际情况与具体能力做了全盘而通透的考量。当然，在表示考虑一下的同时，最好能给对方一个准确的时间，让对方感觉到你是在认真地考虑他的请求。

面对别人的要求，犹豫是一种审慎、对他人及自己负责任的态度。不假思索地答应别人提出的要求，有时只会让自己陷入糟糕的境地。

助人有度，原则问题果断拒绝

俗话说，助人为快乐之本。但是毫不讲究方法、技巧及原则的盲目帮忙，不但会让自己感到身心俱疲，还有可能遭受利益上的损失。所以对于别人的请求，你要有自主判断的能力与巧妙拒绝的情商。

在工作及生活中，不懂得拒绝别人，往往会让自己陷入为人奔忙的困境中，有时候还会耽误了自己的事。这种情况下，有不少人已经意识到需要拒绝别人了。而之所以其认知与实践不相符，完全是拜其"不好意思"的心理所赐。

方伟热衷于帮助同事，因而在公司里口碑很好。

一天，一个同事找到方伟说："方伟，有个客户信息需要录入到公司的数据库，而我现在有点儿别的急事需要处理，你能不能帮我做一下？"

方伟听完，严肃地说道："公司规定，客户信息必须由跟进者本人处理，以防泄密。再说我现在手上也有非常急迫的案子需要处理。所以，真不好意思，我可能帮不上你了。"

同事面露不悦，显然有些不高兴。

一旁的邹云听到两人的对话，见气氛有些尴尬，便主动提出："交给我吧，我很乐意帮这个忙！"

有人自告奋勇地提出帮忙，同事自然很高兴，将资料递给邹云就去忙了。

交给我吧，我很乐意帮这个忙！

方伟拉住邹云说："邹云，乐于助人是好的，但是有些原则性的东西，你不应该就这么随便地答应了。"

邹云说："哥，偶尔一次没事的，放心吧！"

看着邹云，方伟无奈地摇了摇头。

然而最终邹云还是出了纰漏，竟将客户的一条重要信息给录入错了。

领导大为恼火，狠狠地批评了那个同事与邹云。

邹云心里憋屈，找到方伟诉苦。方伟则劝慰道："小邹，你要记得，帮人是可以的，但是绝不能触碰底线！第一，不能耽误了自己的事；第二，不能违反公司的规章制度。若做不到这两点，你在职场会吃亏的！"

对于帮助别人，方伟把握住了一个合适的度，所以能在职场中游刃有余。帮助别人是值得鼓励的，但前提是你要有帮助人的能力，而且你的善意行为不会给你带来任何的风险。这就好比一个不会游泳的人跳到河里去救溺水的人，不仅于事无补，而且还有自己溺水的可能。这样的帮忙就显得毫无意义。

或许就有这么一种人，明知道自己答应别人后，自我利益极有可能遭受损失，但因为不好意思拒绝，只好委屈地牺牲自我利益来成全自己一向秉持的所谓大义。而这样导致的恶果就是，别人会频繁地要求你，将这种利益的损失转嫁给你，而你也只能频繁地答应，哪怕自己的利益有所损失。

别不好意思，别人的利益是利益，你的利益就不是利益吗？

1. 拒绝别人的惯性要求

不加节制地答应别人的请求，不仅会让自己陷入疲于奔命的窘境，而且还会让请求之人养成一种不好的习惯，即习惯性地将他的事情强加给你。这种并非他无力去做，只是习惯性地将事情扔给你的无理请求，你应该果断地予以拒绝。否则你就会沦为这种人的免费苦力，而且他也不会对你心存半分感激。

小壮在一家打印店工作，他老实、勤快，每天都是第一个到店里，将店里打扫得干干净净。同事需要帮忙的时候，他也从不拒绝。

有一天，小壮因故晚去了一会儿，当他抵达店门口的时候，听到里面的同事如此说道："小壮今天怎么还不来，这打扫的活儿留着给谁干呢？"小壮突然意识到，以往那个不计较得失而付出的自己是那样的卑微与可笑。

就在那天晚上，又有同事来让小壮帮忙："小壮，帮我把这份稿件打印出来，明天等着要。我晚上有约，就先走了哈。"

"抱歉，我今晚也有事。"小壮毫不留情地拒绝了。

抱歉，我今晚也有事。

那人显然从没看到过如此严肃认真的小壮，有些发愣，然后怯怯地回复道："哦，那我自己处理吧！"

第二天，当小壮到达店里的时候，昨天那个被他拒绝的同事竟主动向他打招呼了。渐渐地，找小壮帮忙的人变少了，人们对小壮也愈发礼貌了。

若你天生是个好说话的人，或者你给人的印象就是个好说话的人，那么人们就会心安理得地"欺负"你，即所谓的"人善被人欺"。这时候，你就必须勇敢地说"不"。正如小壮，他用自己的拒绝换来了同事的尊重。

2. 拒绝别人的得寸进尺

因为不好意思，有些事你不得不做，有些忙你不得不帮，你以为别人会因此感激你、尊重你，然而事实上，那些人只会变得得寸进尺。他们心里会想："既然你这一次如此爽快地答应了我的请求，下一次你肯定也不会拒绝。"更有甚者会利用"登门槛心理"来对付你，要求不断加码。这样的人，你不拒绝他们就是对他们的纵容，他们会一步步将你拖入痛苦的深渊。

谢斌比俞健早进公司一年，因此俞健是将谢斌当前辈来敬重的。每当谢斌提出要俞健帮忙的时候，俞健都会毫不犹豫地答应。

但是俞健慢慢发现，自己总是在分担谢斌的工作。事实上，他们的工作量本应该是一致的，谢斌总是以各种理由将自己的工作转嫁到俞健身上。故而两人表现出了截然不同的工作状态，俞健累死累活，谢斌则轻松潇洒。

虽然俞健觉得谢斌有些得寸进尺了，但为了不破坏两人之间的关系，俞健也不大好意思拒绝。

有一天，谢斌与俞健共同承担了一项重要任务，需要加班加点地赶出来。但就在快下班的时候，谢斌就准备起身离开，并对俞健说道："真不好意思，我女朋友在等我，我不得不离开了。我去晚了她会生气的。请你帮帮忙将接下来的工作做完。"

俞健看着还未完成的工作量，心生绝望。但是看着谢斌哀求、委屈的眼神，俞健还是没能将拒绝的话说出口。本来是需要两个人合力完成的工作，到头来全部落到了俞健身上，完成的质量可想而知。

后来，主管发现了纰漏，质问谢斌与俞健。没办法的俞健将事情的原委告诉了主管，本以为会得到主管的谅解。不料，主管严肃地对俞健说道："你帮助同事的行为是值得肯定的，但凡事都有个度，你太过软弱，别人不仅不会领你的情，而且还会得寸进尺地对待你。如此一来，吃亏的、受委屈的都只会是你自己！"

面对得寸进尺的人，别不好意思，要勇敢地将心里的"不"说出来。当你将拒绝的话语一次次说出口的时候，你就会发现你以往的所有顾虑都只是庸人自扰的臆想，而你的生活会因为这些杂念的烟消云散而重见光明：人们变得尊重你了，自己也变得轻松愉悦了。

理由恰当，别人未必不能接受

> 与其费尽心思地编造一个看似冠冕堂皇的理由拒绝，落得
> 费力不讨好和彼此都感到尴尬的结局，还不如真实地表达你心
> 中所想。

人生在世，难免会遇到周围的人请求你帮忙的时候，力所能及的当然是能帮就帮，力有不逮的就应该予以拒绝。

说到这里，很多人又有苦恼了：如何有效地拒绝那些超出自己能力范围的要求而又不伤了人与人之间的感情？或许，最有效的办法就是设法找一个托词，以免伤了情面。

胡洋进入公司两年了，对各项业务都十分熟悉，也越来越得到领导的青睐与重用。然而，胡洋发现了这样一个问题：自己累死累活，不知

自己累得像头驴，但是自己的工资也没见比其他人高出多少。

干了比别人多多少倍的工作，但是自己的工资也没见比其他人高出多少。胡洋开始还安慰自己：只要自己勤勤恳恳地干，等哪天升职了，工资自然也就跟着涨了。

但是升职加薪的机会总是与胡洋无缘。后来，胡洋了解到自己职位的事其实已经在主管会议上被讨论很多次了，但每次都被直属领导否决，理由是"胡洋这样的下属用起来比较顺手，而且胡洋还缺乏管理能力，可以在自己手底下再多历练历练"。

胡洋觉得自己必须要适度地拒绝领导了，但是该如何拒绝呢？

有一天到了下班时间，领导突然对胡洋吩咐道："胡洋，这里有个着急的案子，先别下班，你处理一下吧。"胡洋脱口而出："领导，真是抱歉啊，恰巧我妈今天过来，我得去接她，不然我不放心。"领导表示理解地点了点头，然后说道："嗯，你去忙你的事吧，我将这个案子交给别人来处理就行了。"

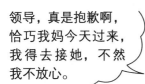

胡洋找的"接人"这个理由虽有些老套，但也不失为一个好的"台阶"。至少在领导看来，这种拒绝是可以接受的。

由此可以说，在拒绝别人时给对方一个台阶下是很有必要的。当然，在为对方找台阶的时候，还需要注意以下两点：

1. 理由务必充分

事实上，所谓的台阶就是一个恰当的拒绝理由。当我们无法满足别人的要求时，就会找一些理由来告诉对方：确实是实际情况不允许我帮助你。这个时候，理由是否充分、恰当及合理，就成了能否维护彼此体面的关键。只要你的理由足够有说服力，对方一定会理解的。若是你给出的理由就是一个用以自欺欺人的借口，你的诚信就会在对方心里大打折扣，甚至会导致你们之间关系的破裂。

北京的云居寺是一座久享盛名的寺院。寺内的两座压经塔更是精美绝伦，令人赞叹！

1956年，有一个印度人来游览云居寺，当他看到云居寺的石刻经文，就深深被其吸引了。这时，他对身边一位陪同游览的中国朋友说道："在唐朝时，高僧玄奘不远万里到我们印度取回万卷真经，于中华大地广扬佛法。现在，我来到中国的云居寺，看到了这些刻在石板上的石经，惊叹不已。我想把它们带回印度去做仔细的研究，您是否能与云居寺的住持说一下，看他要多少黄金才愿将这些石刻经文让我带走？"这位中国

友人笑道:"这些石刻经文经历了纷乱的战争岁月,保留下来实属不易。对于中国人民来说,这些石刻经文代表了更为深远的意义。它是无价的,也是无法用金钱来衡量的,更不是随便哪个官员拍拍桌子就能说了算的。对不起,您这个忙我确实是无能为力!"这个印度人听后,先是无奈,最后还是接受了这一事实。

这个印度人就是印度前总理尼赫鲁,而那位中国人则是我们敬爱的周总理!

它是无价的,也是无法用金钱来衡量的。

周总理给出的拒绝理由是一个客观的事实,极具说服力,这也是尼赫鲁面对拒绝亦能欣然接受的根本原因。客观事实是为彼此所公认的,以之为拒绝的理由,不仅不会让对方感到难堪,而且也不会让自己感到不好意思。

2. 理由要有诚意

若是为了寻找一个具有说服力的理由而胡编乱造,或许能骗得了一时,但绝骗不了一世。你要知道一个谎言是需要一百个、一千个谎言来圆的。若你确实没有什么恰当的托词,而你心里又确实不情愿,那么不妨将你内心拒绝的真实理由直言相告。你要坚信,真正的朋友需要的不

是你的敷衍，而是你的真诚。

英格丽·褒曼是一名出色的瑞典籍电影女演员。一次偶然的机会，她出色的演技引起了大作家萧伯纳先生的注意。于是萧伯纳便将自己撰写的剧本《圣女贞德》寄给了英格丽·褒曼，希望她能出演贞德一角。但是英格丽·褒曼回绝了。

一天，英格丽·褒曼接到了一个电话，说萧伯纳先生想请她到寓所吃茶点。当她来到萧伯纳的寓所时，萧伯纳劈头就问："你为什么不演我的剧本？"面对质问，英格丽·褒曼没有直接回答，而是礼貌而幽默地说道："尊敬的萧伯纳先生，能让我先进门吗？"

"当然可以，我还准备了精美的茶点招待你这位贵客呢！不过，还请你告诉我，你为什么拒演我的作品？"萧伯纳显得很是急切。

英格丽·褒曼认为面对这样一位大名鼎鼎又性情直率的大作家，最好还是说实话。于是英格丽·褒曼微笑着说道："我之所以不演你的剧本是因为我并不喜欢它。"

萧伯纳听了英格丽·褒曼的话,显然有些错愕,于是他瞪着英格丽·褒曼说道:"你说什么?难道我的剧本写得不好吗?"

"它是一部杰作。"英格丽·褒曼说道,"但历史记载中的贞德是一个初涉社会不久因目睹战争惨象而哭泣的小姑娘,而您所描写的这个圣女贞德并不是那个真实的法国姑娘。据我所知,贞德是一个单纯、纯朴的农村姑娘,您却把她写得太机警好斗了。您的文字是了不起的,但您写的不是贞德。难道您希望我将一个虚假的贞德呈现给观众吗?"

听了英格丽·褒曼的这番话,萧伯纳频频点头。他并没有因英格丽·褒曼的拒演而恼羞成怒,而是彻底被英格丽·褒曼的回答所征服。而后,萧伯纳还与英格丽·褒曼成为忘年之交。

英格丽·褒曼的直言相告并未遭致萧伯纳的怨恨,反而收获了一段难得的友谊。所以说,有时候费心地为自己的行为找借口,还不如敞开心胸地吐露真情。

1. 你家里有很多事需要处理，而且难得有时间。此时一个好朋友打电话让你去陪陪她。因为感情问题，她需要找个人倾诉。面对这种情形，你会?

A. 立即赶去朋友家

B. 权衡很久之后，还是决定去朋友家

C. 告诉朋友，你需要做完自己的事后才能过去，而且一定会过去

D. 告诉朋友，你今天确实抽不开身，但是可以找别的时间与她谈谈

2. 一个女推销员晚上给你打电话想要卖给你一件你并不需要的商品。女推销员声音甜美，而且你不想伤害她的感受，你会?

A. 在电话里大概听她讲 20 分钟推销

B. 先听几分钟，然后说对不起，告诉她你有急事需要出去

C. 告诉她你没时间听她多讲，并且你不需要这种商品，同时表示不想再被骚扰，并说"谢谢"

D. 你厉声地呵斥她，并挂断了电话

3. 到饭点了，你还有几件事情急须去做。此时朋友打电话邀你吃饭，你会？

A. 去与朋友吃饭，希望自己会有足够的时间

B. 去与朋友吃饭，但你不停地看表，如坐针毡

C. 接受朋友的邀请，但告诉朋友你只有半小时时间

D. 告诉朋友你太忙了，看能不能再约个时间

4. 你的好闺蜜请你帮忙照料一会儿小孩，如此她便能与她的新情人约会了，你会？

A. 立刻答应

B. 感觉不爽但还是答应了

C. 告诉她这次可以，但不是每次你都随叫随到

D. 告诉她你的生活也很忙碌，你今天没有时间

5. 办公室里的一个家伙总说要与你一起吃顿饭，讨论一下你们的共同之处。办公室里只有你俩了，他强烈要求这周的某一天一起出去吃饭，你会？

A. 不假思索地同意

B. 有些顾虑，但由于你不想伤害他的感情还是同意了

C. 去一起吃饭，但把谈话的主题放到工作上

D. 明确告诉他，你只想与他保持工作关系，不想与他有任何私人交往

6. 你在一家饭店订了午餐，但你只有一个小时。当你到达那家饭店后，服务员告诉你今天预订的人太多了，你需要等一会儿才有座位。这家饭店看起来的确很忙。此时，你会？

A. 坐在那里等，希望很快会有你的位子

B. 问清楚你要等多长时间，并向服务员解释你还有重要的安排

C. 告诉他你没有时间等了，离开那家饭店

D. 抱怨饭店的失误，然后离开

7. 你报名了一个很早就想听的夜间课程。然后你发现你的爱人想在那天晚上用车，并且爱人的需求比你的更重要，你会？

A. 放弃上课的念头，尽管你感到很失望

B. 跟爱人解释一下上课的事情，提议你们应该达成妥协，譬如让用车的人接送对方

C. 告诉爱人这次该你用了，并且这次你一定要用这部车

D. 没必要与爱人商量，你已经告诉爱人有课了

8. 你正在进行一次商务贸易，要出售一百件昂贵的产品，虽然价格打了折扣，不过你对目前这个价格还满意，因为这些商品销售较慢。但就在商品要脱手的时候，你的客户打来电话说他们遇到了经济危机，只能支付原价格的60%，你会？

A. 同意依照客户能够支付的价格出售

B. 与他们商议一个新价格——譬如，你们各让一步取折中价

C. 你可以负担商品的运费，但价格不能再变动

D. 告诉对方除非依照商定的价格，否则交易中止

9. 你正在安排与一群朋友一起去度假。在商量时间的时候，朋友很明显都比你愿意早出发几天。此时，你会？

A. 确定朋友在那几天都有空，去适应他们的时间，尽管这意味着你要错过几个重要的约会

B. 很不情愿错过你的约会，最终你还是选择了与朋友一起出发

C. 让朋友与你一起解决这个问题，互相达成妥协，并且你希望可以不耽误你的约会

D. 告诉他们若你会错过约会的话，你就不去与他们旅行了

测试结果

选择		拒绝的能力
选项多为 A	★	不懂拒绝，逆来顺受，别人会肆无忌惮地向你提要求。
选项多为 B	★★	你不愿伤害他人的情感，不好意思说"不"。
选项多为 C	★★★	你很好地平衡了你与别人的需求。当你认为有必要拒绝别人，而且你打算拒绝的时候，你不会害怕说"不"。
选项多为 D	★★★★	你清楚地知道可以接受与不可以接受的事情中间的界限，可以毫无心理负担地说"不"。但是，你的态度或许有些生硬。

巧借他人之力
——善成自己之事

当我们求助于他人的时候，焦急的情绪只会凸显我们的粗鲁与无礼，让所求之人对我们产生不良的印象。求人时必须沉得住气。

借他人之梯登高，以他山之石攻玉

　　恃才傲物是要不得的。若你确实有才华，借助他人的力量，也不过是要找到一个施展自身所长的舞台，成功与否还是要看你个人的能力与造化，因此，你何必觉得不好意思呢？而且，能借到"梯子"，也是一个人生存于世必备的技能。

　　俗话说，一个篱笆三个桩，一个好汉三个帮。在现代社会里，只有善借他人之力才能有所作为。然而，有些人觉得，要借助他人的力量实现自己的追求，总有点儿不好意思。于是也就常能看到，那些倔强的孤胆英雄总是一遍遍地撞到南墙，头破血流。或许，你有愚公移山的毅力，殊不知，彼时别人已经乘梯登上云霄，俯瞰这大千世界。

我要乘梯登上云霄，俯瞰这大千世界。

漂泊时代，人如柳絮，谁会笑你于金钱世界里的无根无依？哪一个千万里奔忙的游子不是怀揣着梦想与追求？你努力地去追求你所认定的人生意义，又有什么不好意思？就像那飘飞的柳絮般，管他何人哂笑，若是有适合的风吹来，就必会趁势直上云霄。

所以说，人生啊，若是有那可倚人而起的机缘，又何必总执着于那点儿不好意思而白白地浪费了机会！

叶颐在学校的时候甚为内向，不大讨老师喜欢。她总是喜欢安静地读读书、写写文章，聊以度日。

几年后，叶颐毕业了。出于对文字的热爱，她找了一份在杂志社包装书籍的工作。说实在的，这份工作完全就是体力活，而叶颐之所以接受，是因为这份工作变相地给她提供了阅读各类书籍、增长见识的机会。在这里，她有幸见识到了形形色色的读物。工作间隙歇息的时候，她还会试着去写写书评。每当叶颐写出一篇颇为得意的书评，就会跑去请求编辑部主任指正一番。时间久了，编辑部主任对叶颐所展现出的文字功底相当的佩服。于是编辑部主任对叶颐说道："叶颐，没想到你还有这份才华。有没有想过进我们编辑部试试？"

没想到你还有这份才华。有没有想过进我们编辑部试试？

就这样，叶颐被主任提到了杂志社的编辑部。

凭借自己深厚的文字功底，叶颐在编辑部干得极为出色。不仅如此，叶颐在下班后还会进行一些个人创作。最终，叶颐成为了一名小有名气的青年评论家了。叶颐的成功与主任发现她的才华并提供给她机会有很大关系。毫无疑问，这位主任便是叶颐的贵人。

我有今天的成果，首先要感谢我的主任。

叶颐从一名包装工成功转型成为一名文字工作者，就在于她借助了主任的势。能将"丑小鸭"变成一只美丽的"天鹅"，这就是借梯登高的神奇之处。在如今这个人情关系相互交织的社会里，借梯登高已成了人们的普遍共识。而且，借梯登高确实不失为一种快速取得成功的途径与选择。具体来说，需要做到以下几点：

1. 放下架子

无疑，相对于被求助的人而言，求人者是弱势一方。是故，有人就会觉得将自己放在那样的位置上是对自己尊严的伤害。更何况，求人者得到的很有可能是别人的拒绝，到时可就毫无体面可言了。无论是盲目的清高，还是对被人拒绝心怀恐惧，总之，他们就是端着架子、羞于启齿。

事实上，无论什么人都会有求助于人之时，也不得不放下架子。或许，他们之所以能取得成功，就是他们屈尊纡贵求人的时候不会像你这般觉得难为情。

大业十一年，隋炀帝遣李渊剿灭"盗贼"。对于一般的反隋起义军，李渊是不会放在眼里的。然而，面对突厥骑兵，李渊可确实犯了愁。

次年，突厥主动进犯李渊的大本营太原。在突厥骑兵的猛烈攻势下，太原守军损失惨重。还是李渊使用了疑兵之计，这才使突厥骑兵退去。

而后，李渊又与突厥发生了冲突，战事一触即发。在此种情况之下，所有人都认为，与突厥有着深仇大恨的李渊会倾其全力与突厥展开决战，以雪前耻。然而，让众人意想不到的是，李渊做出遣特使携重礼向突厥求和的决定。这一行为让人们议论纷纷，就连李渊的儿子李世民都表示不能理解其父亲的作为。

李渊之所以会做这样的安排，原来是已经有了更为深远的考量。面

对当时天下大势，李渊心中产生了更大的抱负。而且，他清楚地认识到，只要以太原这一自己苦心经营良久之地为基，然后西取关中之地，凭此便有了逐鹿中原、问鼎天下之资。而要想顺利进军关中，首先就必须得安抚好盘踞在太原一旁的突厥。所以，李渊才会审时度势地向突厥求和，甚至甘愿受辱。

突厥可汗同意与李渊修好，不仅再未袭扰过太原，而且在李渊征服天下的过程中还资助了李渊不少军马。最后，李渊凭借其雄厚的实力，一一歼灭群雄，建立起了闪耀史册的李唐王朝。

正所谓时也势也，李渊审时度势地做出了向突厥求和、让步的决策，并由此创造了得以发展壮大的良好环境，最终开创一代王朝。在外人看来，李渊的举措何尝不是一种有伤体面的行为。但是显然李渊看得更为长远，而一个有长远眼光的人是绝不会做一时意气之争的。他们不是没有架子，甚至比你我的架子都要大得多，但是，他们懂得那些所谓的架子、面子，都是需要依据形势的变化予以灵活调整的。如此，他们才能更好地实现其目的。

所以说，要想更好地求助于人，从而更好地实现自己的目的，首先你就必须放下架子，摒弃一直啃食你脆弱灵魂的不好意思。

2. 沉得住气

一个人在遇到无法解决的困难时，难免会产生焦躁的情绪。这是人之常情，也是可以理解的。但是，若你将这种糟糕的情绪施加在他人身上，就会极大地伤害你与他人的关系。尤其当我们求助于他人的时候，焦急的情绪只会凸显我们的粗鲁与无礼，让所求之人对我们产生不良的印象。所以说，求人时必须沉得住气。

战国时期，秦军围困赵国都城邯郸。于是，赵国求救于魏国。正所谓唇亡齿寒，魏王遣大将晋鄙率领十万大军前去援助赵国。但晋鄙惧怕秦军兵威，率军行至半途便安下营来，再也不敢前进。

见魏国救兵迟迟不到，平原君修书信询问信陵君。事实上，信陵君一直苦劝魏王命令晋鄙进军未果，也是焦急万分。迫不得已之下，信陵君只好率领门下宾客前去援助平原君。

在信陵君的车马路过魏都大梁的城门时，特意去看望看门人侯嬴，

侯赢对信陵君说："公子请您自勉，恕我难以随从。"信陵君听后觉得侯赢不但不出谋划策，反而弃他而去，很是恼怒，于是并不理会他，直接出发了。行到半路，信陵君越想越觉得事有蹊跷，总觉得侯赢的话有什么言外之意，但就是百思不得其解。于是信陵君掉转车马，要找侯赢问个究竟。

信陵君回来后，侯赢才说出了自己的计谋。原来侯赢早就想好了如何窃取兵符、调动大军等一系列的事情。信陵君依计而行，他"窃符救赵"的仁义之举成为流传千古的佳话。

在生活中，当我们遇到了解决不了的困难而有求于人的时候，不但需要沉着冷静，亦需要尽可能地给予对方理清思绪的空间。急躁的情绪与催促的语气只会影响对方的情绪，起到适得其反的作用。既然是有求于人，我们就一定要考虑到对方的心情，尽可能地控制自我内心的焦急与冲动。

3. 注重礼数

人急亦不可失态，尤其当我们求人相助的时候，更不可忘了礼数，给人留下一种没有教养的印象。试想，别人怎么会帮助一个对自己无礼的人呢？

有个少年骑着马急匆匆地在赶路，晚霞愈发鲜红，少年愈发焦急。

此时，少年在马背上远远地望见前方有一位杵着拐杖行走的老者，于是疾驰至老者身旁，也不下马，便扯着嗓子大喊道："喂！老头，最近的客店距离此地还有多少路程？"生怕老者耳背听不到似的，叫喊声惊得归巢的鸟儿都乱窜飞舞起来。

老者自顾自地行走着，脸都不曾侧过来瞧一下这位少年，不急不缓地说道："五里！"

少年一句谢谢的话都没有留下，扬鞭策马，一溜烟地急驶而去。老人也不去管他，只在嘴里不住地嗫嚅道："五里，五里……"

少年一口气也不知跑了多少路程，但就是见不到人烟。眼见夕阳的余晖就要尽数收敛，少年怒不可遏，破口大骂道："这个老不死的，心肠怎么这般歹毒，看到别人无处安身很快乐吗，还好意思说什么五里，五里？"突然，少年仿佛意识到了什么，停止了叫嚣之声，而是自言自

语道："五里，五里……无礼，无礼……"

及至此时，少年才恍然大悟，原来老者是在怪罪他无礼。于是少年急忙掉转马头，朝着来路驶去。而那位老者呢，竟还待在少年向他问路的地方。

少年翻身下马，面色潮红地走向老者，拱手抱拳道："老人家，刚才多有冒犯，还请您责罚！"

老者笑着说道："没事，没事，浪子回头金不换！而且看得出来，你是个好孩子！现在天已经黑了，如不嫌弃鄙舍简陋，不妨在我那儿暂且歇息一宿。我的家就在那边，你看，有灯火的那家！"

没事，没事，浪子回头金不换！

就像那个少年的故事一般，有礼才能问到正路，无礼只会步入歧途。由此可见，在人际交往中，讲究礼数是非常重要的。

4.积累人脉

很多人平时不注意积累人脉，觉得没有那个必要，只惦记眼下的一点儿利益，可真遇到跨不过去的坎了，才想起到处求神拜佛，然而，临时抱佛脚有什么用呢！

克里斯·加德纳是一名非常著名的投资人，然而谁又能想到，其年少时却是异常落魄。

机缘巧合之下，克里斯·加德纳认识了一位证券交易所的经理，并且与他建立了友好的关系。正巧这家证券交易所在招募实习生。于是，克里斯·加德纳凭借自己的努力，成了证券交易所招收的60个实习生中唯一一个只拥有高中学历的人。而且，证券交易所最终只会录用这群实习生中表现最优异的一个，即拉到资金最多的那个人。

这些实习生的主要工作就是不停地打电话说服更多的人来交易所开户。很多实习生一听到客户说出拒绝的话，就不再与客户联系了。克里斯·加德纳呢，即便客户拒绝了他，他也会热情地予以感谢；对待那些成功拉到的客户，他也是一如既往地为他们提供周到的后续服务。

在克里斯·加德纳的推销名单里，有这么一位客户：他是一家大型公司退休的CEO，身价不菲，而且人脉广泛。若是能争取到这样一位客户，毫无疑问，克里斯·加德纳必将会被证券交易所录用。于是克里斯·加德纳专程去拜访了这位退休的CEO，并与对方看了一场橄榄球比赛。在

VIP 包厢里，克里斯·加德纳结交了很多这位退休的 CEO 的权贵朋友。其中的很多人日后都成了克里斯·加德纳的忠实客户。在工作之余，克里斯·加德纳经常与一些老客户去看比赛、看演出。而且每逢节假日，克里斯·加德纳都会给客户们寄去精美的贺卡。他总是与客户保持着联系，每隔一段时间都会问候自己的客户一遍。总而言之，克里斯·加德纳非常注重培养人脉，对那些重要的人际关系总是精心呵护。

凭借其出色的工作能力，克里斯·加德纳顺利被证券交易所录用，后来更是成立了自己的投资公司，并由此发家致富。

事实上，感人至深的励志电影《当幸福来敲门》中的男主角便是以克里斯·加德纳为原型的。

克里斯·加德纳接人待物不在乎一时的得失，求的是长远的回报。或许，这就是克里斯·加德纳能取得成功的秘诀。从中我们不难得到启发，只有日积月累的感情投资，才能换回让别人愿意帮你的实质回报。所以，无论何时都要牢记，与他们保持沟通、联系，哪怕只是只言片语的问候。当你有求于他们的时候，才能少一些临时抱佛脚的无地自容。平时积累起来的人脉，都将是你临事寻求帮助时可供调取的资源。

掌握求人心理，让对方"乖乖就范"

人生不可能永远顺遂，难免会遇到一些风浪，有些风浪我们可以独自去承受，而有些风浪极有可能让我们有倾覆之灾。当我们无能为力的时候，敢于求人、懂得求人是非常有必要的。往往，生活中那些不愿开口求助的人，一是抹不下面子，不好意思求人；二是没有求人的技巧，不会求人。

胡适将要去上海求学，其母亲在车站送别时这样说道："你要去外面的世界闯荡了，母亲再也无法庇护你，只能送你四个字——学会求人。"这四个字在胡适心里牢记了一辈子，事实上，我们每个人都应该将这四个字记在心间。

只能送你四个字——学会求人。

三分钟漫画
别害怕冲突

王伟忠在台湾综艺界可是响当当的人物，他就曾讲过这么一件与他相关的小故事。

在王伟忠十九岁那年，他到一家电视台去实习。出于想在电视台领导面前表现自我的初衷，他会在休息的时候留在电视台帮忙。有一次，他主动给摄像师打下手，摄像师就让他负责拿设备电池。这种电池极为沉重，携带时要打开安全开关，从设备上卸下来。以前从未接触过这种设备的王伟忠不知道怎么做才好，又不好意思向别人求助，只能凭借印象中摄像师的处置手法去推那个安全开关，可就是推不开。于是，着急的王伟忠不断地加大力气，结果竟然将安全开关给掰断了。摄像师后来发现安全开关被人掰断了，暴跳如雷，声称一定要找到肇事者。幸好摄像师身旁有人说道："哎呀，这是不小心摔坏了吧，没关系，算了！"

王伟忠回忆起这件小事的时候说道："这件事虽小，但我永远都会记忆犹新。从这件小事中，我感悟到了一个道理：很多新人初来乍到，总想着尽善尽美，但他们不可避免地会遇到很多超出他们当下能力应对范畴之外的状况，若不学会开口求助，事态的发展只会与你的初衷渐行渐远。"

哎呀！怎么断了。

一个人能不能在社会上站得住、行得开，很重要的一点是看他会不会求人办事。尤其是在如今这个竞争激烈的时代，我们面临着太多的事情与选择，而很多事情与选择又常会使我们感到无可奈何。此种情形之下，我们唯有求人才能将我们想办的事办好。

事实上，求人也是一门学问。想要轻松求人，就必须掌握相应的求人方法、技巧与手段。

1. 冷热水效应：给对方造成心理落差

桌子上放有三杯水，一杯温水、一杯冷水、一杯热水。先将手放在冷水中，再放到温水中，会感到温水热；先将手放在热水中，再放到温水中，会感到温水凉。这种对同一杯温水产生不同感知的现象，在心理学上被称作"冷热水效应"。

"冷热水效应"的产生是因为人们对于"冷"与"热"的标准在不断变化。当手放进冷水里时，人们对于温度的感知就有了一个标准，比这个标准高的温度，就是热的，反之同理。其实还是那一杯温水，只是人们的衡量尺度发生了变化，人们对事物的认识亦随之而改变！

冷水　　温水　　热水

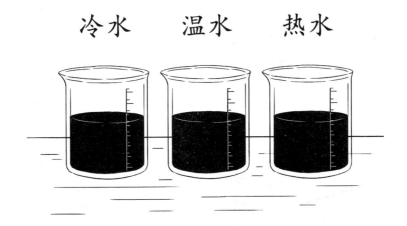

事实证明，在求人的时候运用"冷热水效应"是非常有效的。具体操作是，将你的要求提得高一些，然后再降下来。形象来说，就是先将对方放在"冷水"里泡一泡，然后再将对方放在"温水"里泡。故意给对方制造这种心理上的落差，对方就会容易接受你最后降低了的要求。

中秋小长假眼看就要到了，小高与同事们盘算着让老板"放点儿血"，请大家出去潇洒一番。同时，他们也很清楚老板的为人，想从"铁公鸡"身上拔毛是何等艰难。于是，同事们一致决定将这个艰巨而光荣的任务交给小高。

小高走进老板的办公室，告诉老板他们想去泰国自助游，询问老板是否参与。老板一听，立即摇头道："去泰国？时间短，路程远，肯定玩不痛快，我还是不去了！"

"可是泰国的海滩真的很美！"小高继续说道，"而且，老板，为了感谢您长期以来对我们的关照，您的费用我们会帮您分摊的。"

老板还是摇着头说道："不是费用的问题，而是因为公司的事太多了。"

小高随即装出一副心疼老板的模样说道："您也别太劳累了，事情

您也别太劳累了，事情是忙不完的。

是忙不完的，而且也不差这一两天的工夫。更何况，大伙儿让我一定劝您一同前去，您不去的话，大伙儿会很失望的！"

老板若有所思，一时间没有说话。小高见老板沉默不语，便接着说道："要不这样，咱们一起去郊区的森林公园烧烤吧！距离不远，公司真有什么急事的话，也方便处理。难得有时间一起出去，您可别再推托了。至于费用方面，我们大伙儿依旧给您分摊。"

老板听了，脸上终于露出了笑容，对小高说道："好吧，我也只好恭敬不如从命了！至于费用，哪有让你们分摊的道理！这次出去玩儿的费用，你们别管了，都算我的！"

"去泰国"就是小高给老板淋的一盆冷水，"去烧烤"就是小高给老板端上的温水，所以，老板才会感觉去森林公园烧烤是可以接受的、划算的。正是因为小高巧妙利用"冷热水效应"，实现了让老板请客的目的。

2. 登门槛效应：让对方一步步地答应

"登门槛效应"指的是人们一旦接受了一个小的要求，为了避免给

人一种前后不一致的印象，往往会对更大的要求予以妥协接受。因此，在我们求助他人的时候，就可以反过来利用人们这种心理，循序渐进地提出我们的要求，让我们的最终目的水到渠成地得以实现。这就好比拾级而上，一个台阶一个台阶地登，总会登顶。

一个狂风暴雨的夜晚，乞丐敲响了富人家的门。

"滚开！不要来打搅我们。"仆人冷冷地说道。

"可怜可怜我吧！我太冷了，我只想借您的火炉烤干衣服就行。"乞丐哀求道。

仆人心想，既然他不是来要东西的，我也别这么不近人情。于是，仆人让乞丐进了屋。

乞丐烘干衣服后，对仆人说道："我能借用一下您的锅吗？我想煮锅石头汤驱驱寒。"

"石头汤？我倒很想看看，你是怎样将石头做成汤的。"仆人爽快地答应了。

于是，乞丐到路上捡了块石头，并将石头洗净后放入锅里煮。

"可是，我总得放点儿盐吧！"乞丐神色自然地说道。

仆人再次爽快地满足了乞丐的要求，后来，在乞丐一次次的要求下，仆人相继给了乞丐豌豆、调料，以及一些碎肉。

最后，乞丐捞出锅里的石头，美美地喝了一锅肉汤。

可以看到，乞丐从请求烤干衣服开始，一步步地提出了借锅、借盐、借豌豆、借调料、借碎肉的请求，仆人也一一满足了乞丐。乞丐的聪明就在于，先借一件无关紧要的小东西，然后再借另一样小东西，渐渐地，一锅肉汤就做成了。而那个仆人呢，只觉得乞丐借走了一些没有什么价值的东西，也就毫不在意了。

从中，我们不难得到这样的启发：在人际交往中，要想求得别人的帮助，就应该以别人可接受的度作为切入点，不能一下子就提出超出别人接受范围的要求，给别人一个果断拒绝的机会；只有当别人接受你的小要求之后，再一步步地提高自己的要求，实现自己目的的可能性才更大。

3. 互惠定律：让对方觉得有义务帮你

有位心理学家曾做了如下实验：心理学家给一群素未谋面的陌生人

寄去了圣诞卡片，结果，绝大部分的人都给心理学家回寄了一张圣诞卡片。而事实上，那些收到圣诞卡片的人并不认识这位心理学家。他们回寄圣诞卡片的动机也很单纯：别人既然投我以桃，我当然就得报之以李。后来，心理学家将人们的这种心理概括为"互惠定律"。

在两军对垒、拼得你死我活的战争中，甲方的一个侦察兵神不知鬼不觉地深入到了乙方的后方，他接受的任务是活捉一个敌方人员，以便探知敌方军情。

乙方一个落单的年轻士兵正在路旁毫无戒备地吃着东西，神情忧郁，也不知是落单而陷入迷茫，还是厌恶、恐惧这场战争。就在这个年轻士兵还沉浸在自己的世界中时，潜伏在一旁茂盛草丛中的甲方侦察兵暴起发难，缴了这个乙方年轻士兵的枪。

这个年轻士兵高举的双手上还拿着未吃完的面包，看到甲方侦察兵如乞丐般疲倦的面容，年轻士兵竟然本能地伸手将面包递给了侦察兵。侦察兵错愕了，他想到过无数的情景，敌人反抗、逃跑或者屈膝求饶，但就是未曾预料到眼前这个貌似还未成年的士兵会做出这样的举动。他惊疑不定，竟一时乱了思绪。此时，年轻士兵开口说道："你一定很累了，吃点儿吧！虽然不太好吃，但至少能抵挡一下饥饿。"

甲方侦察兵也是有血有肉的人啊，这个如同邻家小弟般的士兵的话一下子就触动了他柔软的心：是啊，要是没有这场战争该有多好！侦察兵绷着眼眶，凭着意念禁锢着泪腺里激扬涌动的泪水，用略带苦涩、悲伤、不忍、怜悯的语气嘶哑地说道："小鬼，你走吧！回家去吧！"说罢，甲方侦察兵拖着疲惫至极的身体慢慢消失在了远处。

很显然，乙方士兵的举动唤醒了甲方侦察兵心底的补偿心理。甲方侦察兵面对乙方士兵递过来的面包，唯一能给予的报答就是放了他。可以看到，甲方侦察兵也是这么做的。

试想，在这种生死相搏的战场上，小小的一块面包就能将人与人之间的戾气化为相互关怀的祥和。那么，在人际交往中，这种补偿心理又将有怎样神奇的力量呢？

在车站的候车室里，一个募捐者走到了一位旅客面前，将一朵玫瑰

递给了这位旅客。旅客本能地接过了玫瑰，但瞬间好像意识到了什么，急忙将玫瑰回递给募捐者。然而募捐者拒绝了。同时，令旅客担心的事情发生了。募捐者开口说道："善良的先生，希望您能为那些遭人遗弃的可怜宠物提供一些帮助！"旅客面有难色，但看着手里捏着的玫瑰，最后还是慷慨地掏出十元钱。

善良的先生，希望您能为那些遭人遗弃的可怜宠物提供一些帮助！

　　募捐者的玫瑰就如同年轻士兵的面包，其物虽小，但承载于其中的善意却能叩开人们心底紧闭着的"互惠心理"的大门。当人们的"互惠心理"被激发而由此背负上一种"负债感"的时候，是很难拒绝他人的要求的。借此，我们就能利用人们的这一心理更有效地达成我们求助于人的目的。当然，给予别人善意，最好还是能在平常无求于人的时候践行，而不只是在当你有求于人的时候才想到"施恩与人"的重要性。

　　4.肥皂水效应：用美言打动对方的心

　　当人们刮胡子的时候，往往会先涂抹些肥皂水，为的是刮起来更为顺滑，不让人感觉到疼痛。这种说法可以看作是"肥皂水效应"的形象描述。而深掘"肥皂水效应"在求助他人过程中的运用，一言以蔽之，就是多说赞美的话，用美言打动所求之人的心。

　　某装修公司承接了一栋大楼的装修工程，依照合同必须在规定的日期内完工。一开始工程进展得很顺利，一切都在按计划进行。然而，装修公司某天突然接到供应商的通知，说是后续的漆料由于市场需求量大要减少供应。这种漆料只有这家供应商有，所以一时间很难找到别的供应商替代，而且一旦漆料供应不足，工程进度势必就得延缓，而超期的代价是该装修公司无法承担的。没有办法，装修公司的负责人只好亲自出马与供应商洽谈。

　　负责人走进了供应商经理的办公室，开口便这样说道："您可知道，您的公司在我们这行里可是享有盛誉的。这次有机会能来贵公司开开眼界，鄙人也是三生有幸啊！"

这次有机会能来贵公司开开眼界，鄙人也是三生有幸啊！

　　供应商经理闻言，有些骄傲地说道："那是当然，我们公司代理的可都是国际知名品牌。我敢说，在本市我们公司的产品绝对是独一无二的。"

　　负责人连连点头，然后又说道："而且，我看到贵公司的生产车间

非常干净整洁，与我认知里的材料生产车间很是不同！不仅如此，里面有好几种机器，都是我未曾见过的。"

供应商经理高兴地说道："我可是倾注了很大的心血在车间管理及生产工艺的改善上。至于你看到的那几种新式机器，还是我带头研发的！"说完，供应商经理的脸上洋溢着抑制不住的得意神色。

就这样，负责人与供应商经理聊了很多，也聊了很久。但自始至终，负责人都没有提到材料供应的事。

及至午餐时间，供应商经理才说道："其实我知道你的来意。但是我没想到我们能聊得如此投机。或许，我们可以成为真正的朋友。这样吧，你们公司的事包在我身上了，我一定想办法保障你们公司的漆料供应！"

负责人见到供应商经理后并未直言自己的请求，而是巧妙地施展"肥皂水战术"，经由各种形式对供应商经理的公司及其个人极尽赞美之能事。终于凭借着负责人出色的语言技巧赢得了供应商经理的好感，并由此帮助自己的公司渡过了难关。可见，赞美真的能让所求之人乐于提供帮助。

求人帮助的前提是以诚触情

要想与别人建立良好的关系，得到他人的帮助，就要先以真诚的态度与对方建立起感情的基础。一旦对方从情感上接受了你，你求人办事的目的自然就能实现。

求人帮助，真诚是一个大前提。发自内心的、真心诚意的求助才能让人感念你的遭遇，生出怜悯之情，从而愿意帮助你。相较于那些策略与技巧，诚意往往更能打动人心。而且，别人帮助你的力度也才会更大。

东汉末年，群雄并起，然而刘备始终郁郁不得志。后来经人指点，刘备得知高卧隆中的卧龙先生诸葛亮有经天纬地之才，于是想请诸葛亮出山，助自己完成匡扶汉室的大业。

刘备带着结义兄弟关羽与张飞二人满怀期待地去访诸葛亮，不巧诸葛亮远游未归，三人只得失望而回。

之后，刘关张三人冒着隆冬大雪再次前往的时候，无奈又扑了空，诸葛亮又出去闲游了。此次，刘备只好留下书信一封，详言自己的抱负，以及恳请卧龙先生能以天下苍生为念协助自己澄清寰宇。

对于诸葛亮一再的避而不见，以及眼看刘备纡尊降贵地拜见，关羽与张飞是既恼怒又心疼，说道："想那诸葛村夫，如何当得起大哥几次三番地亲自去请，他若不肯来，我们将他绑来就是了。"刘备则说："你们没听说过齐桓公拜见东郭野人，去了五次才见上面吗？更何况，我们拜见的是卧龙先生，更加不可造次。"

次年春天，刘备斋戒三日，誓要请动卧龙先生。皇天不负有心人，这次，诸葛亮终于在家了。然而，刘备等三人到的时候，诸葛亮正在午睡。为了不惊扰诸葛亮休息，刘备就一直在门外等候，直至诸葛亮睡醒。

诸葛亮为刘备的诚意打动，遂决定出山协助刘备成就大业。后来，诸葛亮在《出师表》中坦诚了他当时的感动心境："先帝不以臣卑鄙，猥自枉屈，三顾臣于草庐之中，咨臣以当世之事，由是感激，遂许先帝以驱驰。"

正是因为刘备的诚意打动了诸葛亮，才有了而后的称帝蜀中、三分天下。由此可见，求助于人时报以真诚，才能获得别人真心实意的帮助。

不仅仅是三顾茅庐，程门立雪的故事亦堪称真诚求助的典范。

北宋名士杨时，自幼好学，而且懂得虚心求教。一天，杨时与同学游酢遇到了一些学问上的困惑。于是他们二人便结伴前往求教于大儒程颐。然而到了程颐家后，他们发现程颐正在休息。见此情景，游酢未曾多想，便要上前叫醒程颐。这时，杨时一把拦住了游酢，并对游酢说道："拜师要有诚心，怎么能因为自己急于解惑就随意叨扰呢？"于是二人就在门外耐心地等候。天公似乎也想要考验二人的诚意，竟然飘起了纷纷扬扬的雪花。就这样，杨时与游酢即便变成了"雪人"也没去惊扰老师。

也不知过了多久，程颐终于醒来了。此时，地面的积雪已有一尺多深，二人更是被冻得瑟瑟发抖。程颐了解情况后，大为感动，将自己的学问毫无保留地传授给了他们。而后，杨时和游酢不负师望，成了一代大家。

真诚求助，或许会暴露你深陷窘境的现状，让你感到有些不好意思，但记住，不要执念于此而不愿展现你的真诚。因为你摒弃不好意思、展露真情实感的求助，得到的将是你用任何技巧都博不来、任何礼物都换不来的真心帮助。

1. 用真诚的话语取悦人

在向人求助的时候，真诚的话语往往能打动别人的心，至少能让别人感觉到你是真的非常需要帮助。此外，求人的话语还要说得让别人舒服。将话说得悦耳一些来取悦人心，让别人觉得帮助你是一种享受，这样求助于他人，也就更能得到别人的帮助。

小飞打算辞职，创办自己的事业，但他也清楚地意识到，单打独斗肯定是不行的。于是小飞找到了与他从小玩到大的朋友小亮。此时的小亮已经成了家，在一家还算不错的公司朝九晚五地上班。对于工作非常稳定的小亮来说，下海经商确实算不得一个多好的选择。但是小亮为人仗义，爽快地答应了小飞的请求。然而，小飞左等右等，小亮却迟迟没有辞职。

你什么时候辞职？
这边等你呢。

于是小飞又找到了小亮，并向他询问情况。小亮一开始还有些闪烁其词，最后和盘托出道："事实上，是我妻子不允许我辞职。她说若我敢辞职的话，她就与我离婚。哥们儿，我这也是没办法啊！"

小飞沉默片刻后说道："你那份工作确实很稳定，那点薪水也的确可以让你们解决温饱，却无法带给你们体面的生活。而且，你以后要是有孩子了，生活压力将会急剧地增大。到了那时，你又该怎么办？还不如趁现在年轻，勇敢地拼搏一把，说不定就能咸鱼翻身改变命运呢！我就是过不惯这种没滋没味的白领生活，所以才毅然决定开创自己的事业。哥们儿，我是真的希望与你一起干，共创辉煌啊！"

小亮沉思几分钟后，以坚定的语气说道："飞哥，我就跟你干了。干好了，咱们吃香的喝辣的；干不好，大不了从头再来嘛。"

小飞拍了拍小亮的肩膀说道："我们一定会成功的！"

不久之后，小飞与小亮的生意顺利地做了起来，小亮也成功地说服了妻子，两人的关系并没有受到影响。

小飞敞开心扉地与小亮交谈，每一句话都说到了小亮的心坎上。小飞的话语之所以如此有说服力，就在于他把话说得真诚、漂亮。由此可见，在需要别人帮助时，把话说得越真诚，别人就越有可能帮助你。

2. 用真实的情感打动人

常言道：动人心者莫过于情。只有用发自内心的真情实感打动了别人，别人才会帮助你。

日本政治家田中义一就是一个善用情感攻势达成自己目的的大师。

有一次，田中义一出席一个政治活动，有位普通的男士向他表示问候。见状，田中义一急忙迎了上去，紧紧握住那位男士的双手，非常激动地说道："您也辛苦了，大家都辛苦了。不知令尊如何了？"男士感动莫名，激动得一时语塞。正是因为田中义一的这一亲民举动，使他获得了日本媒体及民众的高度赞扬。

事后，有人问田中义一："听您说话的口气，您是与那人认识？"田中义一回答道："我怎么会认识，但问候一个人的父亲总不会出错吧！"

田中义一以问候别人父母安康这一情感关怀，顺利地与那位男士构建起了情感话题，而正是这份真诚，使得人们印象中刻板的政治家与人民之间形成了亲密的互动与联系。田中义一为此深受日本民众的认同。从某种意义上来说，政治家是有求于民的。田中义一正是以自己的真诚获得了民众的"帮助"。

掌握求人窍门，更易获得他人襄助

在现实生活中，我们难免会遇到一些自身无法解决的事情。此时，我们就需要求助于他人。

在求人的时候，若我们无法明确别人是否有意相助，我们最好不要贸然开口。那么，我们又该如何做才能让对方愿意帮助我们呢？

这个时候，求助的办法是否巧妙就成了关键性的影响因素。而且，我们也不难发现，巧妙的求助方法不仅能有效博得他人的信任与理解，而且能有效规避被人拒绝后的尴尬。

战国后期，秦国势强，对东方六国造成了极大的压力。鉴于此情形，苏秦极力推销他的合纵之策。

苏秦先是游说燕王："在强秦面前，东方六国谁也不能独善其身。唯有六国联合，才能震慑虎狼之秦，使其不敢轻举妄动。如此，六国才能得以保全。"

燕王接受了苏秦的建议，并赠以金帛车马资助其游说其

他诸侯国。

于是苏秦又马不停蹄地赶往赵国，如此说服赵王道："秦国之所以不敢贸然攻赵，并非惧赵，而是恐三晋联合。秦国虽强，然六国疆土五倍于秦，六国兵士十倍于秦，若六国联兵一处，合众西进，区区秦国又有何惧哉！"

赵王深以为然，欣然接纳了苏秦的合纵之策。

可以看到，苏秦对燕王与赵王的说服，并不是直言合纵之策的好处，而是首先为两位国君分析了客观形势的利害，由此而打动了两位国君，并成功地让他们接受了自己的建议。

推之于求人的场景，苏秦的这种说服之术正可当作我们巧妙求人时的一种借鉴。概括而言，这种巧妙求人之法的要义便是让被求之人理解到这一点：帮助了你，也就是在帮助他自己。如此，他又怎会拒绝你的请求呢？

巧妙的求助之法，不仅能让对方乐于对你提供帮助，而且能有效地增益你与被求助之人的情感，可谓一举两得。

那么如何将自己求助的意图巧妙地表达出来呢?

1. 反复试探,迂回请求

啄木鸟在吃小虫前,总是先用尖长的喙试探一下何处有虫再啄食。同理,在我们求人的时候,也可以先略施小计,以观其变。如何解读这句话呢? 即是说,在我们不便将求人的话语说得过于直白,而又拿不准对方会做何反应的时候,我们便可以经由一系列试探性的小动作,摸清对方的真实想法。

迫于债务,陀思妥耶夫斯基为出版商赶写小说《赌徒》。为此,陀思妥耶夫斯基请了一名速记员。这名速记员叫安娜·格利戈里耶夫娜,一位年轻貌美的女士。

小说《赌徒》完稿后,陀思妥耶夫斯基发现自己已经深深地爱上了安娜,但陀思妥耶夫斯基并不清楚安娜的心意如何,所以不敢贸然求爱,但他又不打算什么都不做。于是,陀思妥耶夫斯基与安娜进行了如下这番对话。

陀思妥耶夫斯基对安娜说道："我又在构思一部小说。"

"是一部有趣的小说吗？"安娜好奇地问道。

"是的。只是小说的尾声还没有想好。对于年轻姑娘的心理活动我把握不准。所以，我特地来征求你的意见。男主人公是一名艺术家，年岁颇大……"

"您为什么要这般折磨您的主人公？"听完了男主人公的大概状况之后，安娜忍不住打断了陀思妥耶夫斯基的讲述，用质问的口气说道。

"看来，你很同情他？"陀思妥耶夫斯基问安娜道。

"难道不值得同情吗？他是那样的善良、热情与忠贞，也是那样的孤独、寂寞与悲惨。您为什么就不能遂了他渴望爱情与幸福的心愿呢？"安娜激动地说道。

陀思妥耶夫斯基没有回答安娜的话，而是继续讲道："男主人公遇到了一个温柔、聪明、善良的姑娘，并深深地为她着迷。但是，他们似乎又很难结合。因为两人在性格、年龄上差异悬殊。所以安娜小姐，我想请问你，你觉得年轻的姑娘会爱上男主人公吗？"

"怎么不可能！只要年轻的姑娘真心爱男主人公，她就是幸福的人，而且永远不会后悔。"安娜信誓旦旦地回答道。

"你真的相信她会爱他，而且爱一辈子？"陀思妥耶夫斯基难抑激动的情绪，急切地问道。

安娜怔住了，及至此时，安娜才意识到陀思妥耶夫斯基根本就不是在向她请教该如何把握一个年轻女孩的心理，而是借由这一形式在向自己剖白求爱的心迹。

事实上，安娜不仅非常仰慕陀思妥耶夫斯基的才学，而且极为同情陀思妥耶夫斯基有如男主人公一般的遭遇。

面对陀思妥耶夫斯基的表白，安娜激动而直白地对陀思妥耶夫斯基说道："我非常爱您，并且会爱您一辈子。"

终于，陀思妥耶夫斯基与安娜幸福地结为伉俪。

在向人求助的时候，直言求助往往并非是最佳的方式。事实上，用提问题的方法往往能收获奇效。经由步步试探、层层逼问，我们就能捕捉到对方话语里流露的信息，并在此基础上准确地洞悉对方的真实心意。

若对方有心接受我们的请求，我们便能适时、适宜地提出我们的请求；若对方无意接受我们的请求，我们也能避免提出请求而被人拒绝的尴尬。

2. 声东击西，言反意正

人生在世，面对诸多事宜，总会有需要求人的时候。但是，求人的话好说，而要想获得好的求人效果就难了。

让人乐于接受你之所求的求人技巧之一，便是"声东击西"。通俗而言，明说是"东"，暗示是"西"；反话是"东"，正话是"西"。借由声东击西，毋须明言，便能让人悟出你所说的话语里隐藏的真意。在此情形下，人们往往就会接受你的请求。

后唐开国皇帝庄宗李存勖，非常喜欢打猎。

一次，庄宗兴之所至，在田野里快意驰骋，践踏了好大一片农人的庄稼。见此情形，当地县令出面劝阻，言辞里尽是批评之意。庄宗勃然大怒，声称要砍掉县令的脑袋。

此时，庄宗身边的一名近臣走到县令面前，指着县令的鼻子骂道："你这不知死活的家伙，明知陛下喜欢狩猎，为什么还要让百姓在地里种庄稼丰盈府库？为什么不空出耕地让陛下驰骋游猎？为什么不让百姓饿着肚子远离陛下？你罪恶滔天，合该问斩！"

骂完之后，该名大臣转身奏请庄宗对县令处以极刑。孰料，庄宗哈哈大笑，不仅赦免了县令，而且命人核算并赔付百姓的损失。

当我们向他人求助的时候，完全可以采纳这种"声东击西、言反意正"的方法，扭转别人本来抗拒的心意，从而让我们顺利地实现求人的目的。

求人遇冷，平和面对

冷遇，可以说是人生中必修的课题，只有翻过了这座高山，才能与更好的自己相遇。

没人喜欢被冷漠相待，尤其是当自己"热脸贴了别人的冷屁股"时，我们总会感觉受到了莫大的羞辱。或许这就是我们为什么不敢与那些我们自认为会给我们冷脸的人交往的缘故。然而当有求于人的时候，哪怕明知不会得到别人的好脸色，我们也要笑嘻嘻地迎上去，谁叫我们有求于人呢？

有些人总觉得刻意地逢迎别人的冷脸伤了自尊、流于下贱，就算勉为其难地迎了上去，一旦遭了冷脸、被人拒绝，就心灰意冷，耍起倔脾气，这样的人往往是求不了人、办不成事的。

孔厉近期要买房，需要领导在公积金提取材料上签个字、盖个章。然而，当孔厉站在领导的办公室门口时，领导似乎在接一个很重要的电话。只见领导向他摆了摆手，好像是在向孔厉示意：有什么事过后再说。孔厉心里涌起了一股莫名的挫折感，无奈地退出了领导的办公室。等了一段时间，孔厉心想领导应该打完了电话，鼓足勇气再度踏进了领导的办公室，然而领导已经不见了踪影……

下班后，孔厉不得不登门拜访，毕竟买房是件大事，容不得自己半分的矫情。当孔厉敲响领导家的大门时，一位老太太的脸从门缝里露了出来，神色警惕地说道："你是什么人？"

孔厉慌忙回应道："您好，您一定是经理的母亲吧！是这样的，我有点儿事情需要找我们经理处理下。"

老太太神情冷漠地说道："工作上的事还是在工作时间处理吧，而且，他现在也不在家。"说完就合上了大门，不给孔厉丝毫回应的机会。

沉重的关门声几乎震碎了孔厉敏感的玻璃心，他从未如此卑微地求过人，没想到第一次就碰了壁。

回到家后，闷闷不乐的孔厉当着妻子的面，将材料重重地扔在了地上并恨恨地说道："签个字、盖个章而已，有必要耍这么大的官威吗？我还不办了！"妻子见状，没有气恼，反而笑着说道："你呀，就像个小孩子，受不得半点儿委屈。你第一回去办不成就去第二回，再不济多跑几趟，总有办成的时候。脸皮太薄导致事办不好，吃亏的还不是我们家呀！我的傻老公，你就耐着性子，多跑几趟，看会不会掉几斤肉，哈哈！"

签个字、盖个章而已，有必要耍这么大的官威吗？

有时候，我们自认为遭了冷遇，实则仅仅是玻璃心太过敏感罢了。正如孔厉那般，他的遭遇真的是他所认为的冷遇吗？领导通的电话或许真的很重要，领导的母亲或许只是出于对陌生人的一般性警惕，再者，孔厉的事又不是什么难办的事，领导有什么理由对孔厉摆冷脸呢？不端正自己的心态，而一味地将别人的行为进行过分的解读，这不是别人在给予自己冷遇，分明是自己在给自己泼冷水。

事实上，在人际交往中，冷遇是常有的事，更何况是求人。所以说，千万不要因为一两次的冷遇，就不好意思去求人。只有不惧冷遇，好意

思求人，才能成就自己的事。

1.学会接受别人的拒绝

一个真正有修养的人，面对别人的拒绝，会淡然报之以微笑，使得彼此都不落入尴尬的窘境。这份气度，能让有心帮你却无能为力的人善言相待，能让有能力帮你却无心伸出援手的人心生歉意。学着接受别人的拒绝，你就站在了人际关系中相对超然的位置，将一切的心理包袱都丢给了他人，而不会生出不好意思的心理。坦然地接受拒绝，是提升社交能力的一种重要手段，也是化解不好意思的妙药灵方。

曹骥少年得志，创立的公司发展势头良好，挣得了不菲的身家。正在曹骥志得意满之际，市场环境突变，公司的运营陷入困境。为了让公司挺过市场低迷期，曹骥不得不四处筹措资金支撑公司的正常运转。

曹骥向来心高气傲，而且由于人生太过顺遂，从来没有低头求过人。所以当满怀期望的曹骥开口向人借钱而遭到拒绝的时候，曹骥总是暴跳如雷。最严重的一次是，曹骥向自己曾经帮助过的一位好朋友借钱，没想到对方借各种理由拒绝了，为此，曹骥怒斥其忘恩负义，并且差点儿与对方动起手来。

不就借点儿钱，有这么难吗？

如此这般，曹骥不仅没有借到钱，还得罪了不少人。这些人中，有商业合作伙伴，有熟悉的朋友……

见儿子这般行事，父亲看不过眼了，如此对曹骥说道："阿骥，别人拒绝了你的借钱请求，这不是很正常的事吗？毕竟，谁也没有天生就要帮你的义务。再者说，你有你的困难，别人也有别人的困难啊！凭着你们之间的交情，他们有能力的话会不帮助你？现在你因为借钱的事坏了你们之间的情分，等到你的公司渡过了难关，你怎么好意思再与他们打交道？面对拒绝，你应该学会接受、学会淡然，千万不能伤了人与人之间的感情。"

听了父亲的一番教导，曹骥似有所悟，此后再向别人寻求帮助的时候，无论结果怎么样，都表现得谦卑有礼。人们见曹骥有如此气度，都相信他一定能再创辉煌，也就纷纷尽己所能地伸出援手。

曹骥一开始的愤怒或许是多数人在面对拒绝时的常情，然而这种无谓的愤怒只会让那些拒绝你的人对你更加地敬而远之，也许，经年累月建立起来的感情就会毁于旦夕间。曹父的言语，值得我们每个人细细地

琢磨。面对生活，我们要学会做一个淡然的人，坦然面对别人的拒绝，平和地接受别人的拒绝。如此，人生或许就能更加轻松。

2.沉得住气，好事多磨

求人，往往并非易事。正如一句俗话所说："人求人，跑断腿，磨破嘴。"所谓好事多磨，求人的时候不妨多磨一下，只要持之以恒，哪怕是铁杵也能磨成针，更何况是人心。磨的过程千万不要觉得不好意思，不能因为一时碰了钉子就选择了放弃。"磨人"的过程中要耐得住性子、沉得住气。

必须予以强调的是，这份坚持可不是"不给我办我就天天来烦着你，就不信你不给我办"，而是以真诚打动人。毕竟，你是在向人请求帮助，而不是在向人讨债。

求人办事时，态度要真诚。即使受到了冷遇，碰了钉子，我们也要沉得住气，并做好长期作战的心理准备。俗话说："人心都是肉长的。"无论彼此之间的认知差距有多大，只要你耐心周旋，用切实行动让对方感受到你的诚意，就一定能赢得对方的心，从而让对方乐于帮助你。只要能达成办好事的结果，其间求人时遭遇的冷遇又何须挂怀与不好意思呢？

带着一只精致的小提包出门，却发现除了钱包，只能再放一件东西，你会选择放入哪一项？

A.钥匙

B.漫画

C.车票

D.手机

测试结果

选择	求人的能力	
A	★	你非常自制，而且自尊心超强，讨厌拜托他人。
B	★★	你是个很严谨的人，因为你从来不求人，也不喜欢人家求你。
C	★★★	你非常务实，对向人求助持开放态度，只要觉得有需要，就会去求人。
D	★★★★	只要别人愿意帮忙，无论事成与否，你都会感到很满足。

好意思与人交往
——让社交变得有意思

　　我们应该经常与比自己优秀的人在一起，无论对我们的学习还是生活，都将会有很大的益处。

说不好场面话，社交场寸步难行

所谓"场面话"，顾名思义，就是摆在场面上说的话，这些话不一定是你的心里话，也不一定是你的真实意图，但即便大家心知肚明，听话的人依旧觉得很是受用。由此我们可以说，场面话或许是真话，或许是假话，但一定是好听的话，而且人们并不排斥听这些话，甚至可以说是喜欢听这样的话。

在一次哈佛大学的公共关系课上，一位教授向学生们抛出了这样一个问题："什么是场面话？"在场的学子可谓个个精英，但面对这样一个小小的问题，他们还真就被问住了。若是你，你会怎么回答呢？

想必，每个人都会有这样的经历：当你进入到一个陌生的环境，那里有你认识的与不认识的朋友，人们见你进来了，纷纷起身与你寒暄，

对你表示欢迎，你也就不会感到不安与窘迫，与人们的交流也变得随性与自如起来。

事实上，正是场面话打消了你对陌生环境与陌生人的警惕心理与疏离感。由此，我们是否可以说场面话是人际交往的桥梁与润滑剂呢？从我们自身的种种经历来看，我们很快就能得到肯定的答案。

由于两人初次见面，彼此都相对陌生，而且共同话题的寻找也需要一段过程，这时候，场面话就能很好地缓解人们之间因为无话可说而导致的尴尬。譬如"今天的天气还不错呀！""最近您都在忙些什么呢？"这些场面话看似无关紧要，却能很好地打破沉默，毕竟这样的话题谁都能唠上两句。

更为重要的是，一个人会不会讲场面话，成为了人们心目中衡量一个人是否知礼的标准。谁都喜欢与一个知礼的人来往，也正因为如此，说好"场面话"对于撬开他人的心扉是极为必要的。正如英国哲学家弗朗西斯·培根说的那样："得体的客套与美好的仪容，都是交际艺术中不可或缺的。"所以说，会交际的人应当像老司机精通交通规则一样，熟悉与掌握好各种场面话。

有一位日本议员，出于工作需要，即将去见当时的埃及总统纳赛尔。议员事先就了解到，无论在政治观念、性格及爱好上，他与纳赛尔都是截然不同的两种人。然而为了增进两国之间的关系，他又不得不硬着头皮去。

会面开始前，纳赛尔对议员的态度很是冷淡。坐定之后，两人也不知从何谈起。这种尴尬的气氛让议员如坐针毡，但是他清楚地认知到，自己必须主动地打破这种尴尬的沉默。于是议员开口道："在我们国家，尼罗河与纳赛尔可谓妇孺皆知。我知道您是军人出身，其实我也曾在军队服役，不知是否能以上校来称呼您？"

纳赛尔回应道："哦！"

议员接着说道："我非常喜欢您撰写的那本《革命哲学》，那种幽默的叙述方式以及传递出的深邃哲学思考，无不使我倾倒。"

听到这里，纳赛尔开始表现出了一丝兴趣，并说道："您说得很对，我倾注了很多心血在那本书里面，而且特别注重人情味。"

就这样，俩人越聊越投机，聊的话题也越来越广泛。最后，日本议员顺利地完成了自己的使命，心满意足地走了。

可以看出，正是这位日本议员将场面话说得巧妙、漂亮，让纳赛尔感到一种荣耀感，进而构建起了两个国家的亲密关系。事实上，无论是议员与总统之间，还是我们这些平凡人之间，说好场面话都是必要的。人在社会上生存，处理各种人际关系都离不开场面话的铺陈与辅助。适当的"场面话"能让人感到温暖，有利于人际交往的展开与深入。场面话说得漂亮，你与别人都会觉得有面子，关系也会更进一步。反之，你的人际交往就极有可能受挫。

1. 依据场合说好场面话

在什么场合说什么话，是人际交往中的一条基本准则。场合就是谈话的社会环境、自然环境与具体场景，具体场景又涉及谈话的时间、空间及周围环境。场合虽然是无言的存在，却在人际交往中起着举足轻重的作用。

我们不妨这样理解，"场面话"中的"场"指的就是场合，场面话的形象解释就是在特定的场合下说一些适宜该场合的漂亮话。

或许，我们不知道场面话要说得多漂亮才能打动人心，但我们清楚地知道，若场面话说得不合时宜是有多么遭人厌恶。在特定的场合里说一些错误的话，轻则闹出一些笑话，重则破坏气氛，为人厌弃。

有这么一位年轻人，长相很出众，但可惜就是不太会说话。

岳父去世，亲友都沉浸在莫大的悲痛之中，他却傻乎乎地捧着一杯酒递给内弟道："好事成双，再饮一杯。"

好事成双，我们再喝一杯吧！

朋友结婚，他在酒宴上致辞："凭咱哥俩的交情，你下次结婚我一定还来捧场。"满座诧然，他还浑然不觉。

几次三番之后，人们无论办什么事都不太敢请他去了，生怕从他嘴里冒出几句混账话。后来，还是有好心人背后提点他："说话要注重场合，多说人家爱听的吉利话，别说人家忌讳的话。"这时，他才幡然醒悟。

什么是依据场合说话呢？或许正如好心人对那个年轻人说的那样："依据不同的场合，多说别人爱听的吉利话，别说别人忌讳的话。"

2. 因人而异说好场面话

若你总是以同一种话题应对不同的人，显然是行不通的。正所谓，见什么人说什么话。

不同的人有着不同的兴趣与喜好，所以，我们说场面话的时候也应该有针对性。唯有如此，你说的场面话才能调动起对方的兴趣，你们之间的谈话才能持续下去。若是驴唇不对马嘴，那最后只能是话不投机半句多。

有这样一个小笑话：

某妇人以伶牙俐齿闻名乡里。一天，有人请教她说好话的秘诀，她回答道："这也没什么难的，你就看他是什么人，然后就跟他说什么话，也就是'见人说人话，见鬼说鬼话'。譬如，同屠夫就谈猪肉，同厨师就谈做菜。"那个求教的人继续追问道："若屠夫与厨师同时在座呢？"妇人哈哈大笑道："那就谈红烧肉呗！"

在社交活动中，我们需要应对形形色色的人。为了达到说好话的目的与效果，首先要了解他们，也就是要把握他们各自的心理，说他们想听的话，用他们所欢迎的方式表达你的观点。这样，才能获得好的效果。

美国第40任总统里根非常善于在演讲中以幽默的话语打动人们的心，且深谙对不同的人说不同的话之道。有一次，他在对农民进行演说时，就用下面这件趣事来愉悦听众：

一位农民买下了一块荒芜的土地，经过数年时间的辛勤耕耘，在上面建起了一座充满生机的农场。为此，这位农民有着深深的成就感与幸福感。部长大人听闻了他的事迹，特地跑到他的农场视察了一番。他看到瓜果累累，就说："呀！上帝一定是赐福给了这片土地！"他看到玉米丰收，又说："哎呀！上帝确实为这些玉米祝福过。"接着又说："天哪！上帝与你在这块土地上竟取得了如此了不起的成绩！"最后，这位农民终于忍不住了，对部长大人说道："尊敬的部长先生，我真希望你能看到上帝独自管理这片土地时，这片土地是何等光景。"

里根之所以能在美国政坛大放异彩，与他懂得因人而异的说话之道有着莫大的关系。作为一个平凡人，我们或许不需要拥有像里根那样高超的演讲才能与说话技巧，但最起码，我们要懂得面对不同人时说不同话的基本常识，避免自己犯"对牛弹琴"的错误，贻笑大方。

3.投其所好说好场面话

曾有一位具有大智慧的人如此说道："与智慧的人说话，凭借的是广博的见闻；与见闻广博的人说话，凭借的是善辩的能力；与善辩的人说话，就要简明扼要；与上司说话，就要用奇妙的事来打动他；与下属说话，就要用好处来说服他；别人不愿意做的事情，就不要勉强；对方所喜欢的，就模仿而顺从他；对方所讨厌的，就避开而不谈它。能做到这些，就算得上利用好了你的舌头。"

事实上，智者这段话阐述的主要意旨，就是说明了投人所好说好场面话的重要性。

与智慧的人说话，凭借的是广博的见闻……

汉高祖刘邦在开国称帝后，开始大封功臣。在刘邦心目中，协助自己取得天下的首功之臣当属萧何。但在评功论爵的时候，其他大臣都认为，曹参曾身受七次伤，攻城略地，论功劳理应排首位。关内侯鄂千秋洞悉了刘邦的心意，于是向刘邦谏言道："臣以为，曹参虽有攻城略地之功，但这种功劳只是一时的。要知道，陛下与项王争霸五年之久，都是萧何在筹措军资、安抚百姓、振奋军心，这才是不世之功。所以，我主张萧何第一，曹参其次。"刘邦听后，连连称善。

臣以为，曹参虽有攻城略地之功，但这种功劳只是一时的。

关内侯鄂千秋投刘邦所好，得到了刘邦的赞许。

明太祖朱元璋做了皇帝后，昔日的一些患难朋友纷纷到京城找他，期望凭着往日的情分能飞黄腾达。其中，有这么一位仁兄，他是朱元璋小时候的玩伴，听说朱元璋荣登九五之后，满怀期待地从老家凤阳赶到了南京。在几经周折之后，他如愿进了皇宫，获得了朱元璋的召见。一见面，这个人便大大咧咧地叫嚷道："哎呀，朱老四，没想到你还真当上皇帝老儿了啊！你不会不记得我了吧，我们小时候一起光着屁股干坏事的时候，你还老让我背黑锅呢！你记得那一次吗，就是我们背着大人用破瓦罐煮豆，豆还没煮熟你就先抢了起来，结果把瓦罐都打烂了，豆子撒了一地。你吃得太急，豆子卡在嗓子眼儿，还是我帮你弄出来的呢！"朱元璋听他满嘴浑话，将自己的老底毫无顾忌地抖了个干净，还是在一众妃嫔面前，气得牙痒痒，盛怒之下，下令将他打出了皇宫。

玩伴投朱元璋所恶，被朱元璋轰出了皇宫。

如何投其所好、避免投其所恶呢？或许，关键在于了解对方身上的优缺点，对方的禁忌与好恶。如此，你才能有的放矢地过滤掉那些话题雷区，讲一些别人有兴趣或喜欢的话题来让别人感到舒服。

多说赞美的话，更好地勾动他人心

在现实生活中，我们不难发现，那些精于人际交往的人都有一双善于发现别人身上闪光点的慧眼，并且乐于用美好的语言将别人的那些优点说出来。因为他们知道，逢人多说赞美的话能有效地创造和谐的交际氛围、消除人与人之间的隔阂、增进人们之间的情谊，从而让事情办得更加容易与顺利。

马克·吐温曾说："一句赞美的话，能让我不吃不喝活上一个月。"犹太人也有这么一句话："唯有赞美别人的人，才是真正值得赞美的人。"由此可见，赞美的力量有多么巨大。

在人际交往中，别不好意思去赞美他人。多去赞美他人，你的生活与人生或许就会多几分妙趣。

有一次，纪伟公司里的一名员工由于工作失误，给公司造成了数十万的损失。

纪伟刚听到这个消息的时候，愤怒异常，脑海里蹦出的第一个念头就是要严惩那名员工。而那名员工呢，也早已做好了被开除的心理准备。

在处理这件恶性事件的过程中，纪伟了解到，这名员工已经尽了最大的努力来降低公司可能遭受的损失。要不然的话公司的损失绝不仅仅是数十万，甚而有可能是数百万、数千万。念及此，纪伟非但不觉得愤怒了，反而有些欣慰。

在做好善后事宜的次日，纪伟将那名自知犯了错误的员工叫到了自己的办公室，对员工说道："我感谢你，非常非常地感谢你！要不是因为你的努力，我现在可能就已经破产了。我代表我的家人及公司全体员工对你表示真挚的谢意！你非但无过，而且有功。我要奖励你，也希望你以后更加尽职尽责地工作！加油！"

听到纪伟这番话，员工的心里暖暖的。从此以后，员工变得更加努

力与负责了。

若你是这名员工，听到领导此般话语，你还能不更尽职尽责吗？

当然，要想达到好的赞美效果，就一定要注重赞美的技巧与方式，秉持诚挚、认真的态度。不恰当、无技巧、轻率的赞美，不仅无法有效地打动他人之心，而且还会给他人留下不好的印象。

那么，我们如何巧妙赞美才能更好地助益我们的人际交往呢？

1. 恰当地赞美他人

曾有人这么说道："努力去发现你能对别人加以夸奖的极小事情，寻找与你交往之人的优点与那些你能够赞美的地方，要形成一种每天至少一次真诚赞美他人的习惯。如此，你与别人的关系将会变得更加和睦。"事实亦如此，在人际交往中，要想构建起良好、和谐的人际关系，对他人身上的优点给予恰当的赞美是不可或缺的。

小张是某银行分行的大堂经理，一天他接待了一位客户。

客户坐在柜台前询问小张道："现在还能买国债吗？我就相信这种安全有保障的理财方式！"

现在还能买国债吗？

小张称赞客户道："先生，您的理财意识很强啊，而且还很有经济头脑。不过，我们银行的国债代理业务已经过期了。您可以看看我们银行代理的人寿保险，这个险种卖得可好了！"

客户问道："我想给我母亲买一份保险，不过她老人家已经60岁了，能买吗？"

小张立即说道："您这份孝心实属难得。鉴于您母亲的情况，我建议您购买盈利保险。这种保险的投保年龄是65周岁以下，年利率……非常适合您母亲。"

客户有些犹豫，说道："我先回去考虑考虑。时间不早了，还要赶回店里做饭呢！"

小张赶紧问道："您在哪家店做饭啊？"

听到客户的回答后，小张故作惊讶地说道："哎呀，我就带孩子去那家店吃过饭。我儿子还一直吵着要再去吃呢，说那里做的饭菜真是太好吃了！今天可赶巧了，原来您就是那家店的厨师啊！"

客户听后，兴奋地说道："真的吗？哈哈哈！对了，你要不再给我介绍介绍那个险种，我现在也并不是那么着急走。"

小张又详细地解释了一番，客户笑了："嗯，我总算明白了，买保险就好比买雨伞，平常不用，但一到下雨天就显得非常重要了。"

小张比着大拇指称赞客户道："您的这个比喻真贴切！我以前怎么没想到这么去介绍啊，今天还多亏了您的启发！"

……

最后，客户给其母亲买了一份小张推荐的保险。

在整个谈话过程中，小张对客户的赞美不断。而且，小张的所有赞美都是有根据的。这种真挚、具体、有针对性的赞美，客户怎会不喜欢听？可以看到，小张正是凭借着自己对客户恰当的赞美，才如愿打动了购买意愿本不是很强烈的客户。所以说，在人际交往中，我们要不吝啬赞美、高唱赞歌。当然，前提是你的赞美是恰当的。

2. 学会在背后赞美

正所谓，兵无常势，水无常形。巧妙的赞美，就是能因时而异、因地而异、因人而异地采用相宜的赞美方式。在众多巧妙的赞美方式之中，我们会发现，背后赞美较当面赞美更让人受用。所以，我们不妨尝试着在背后赞美他人。

当然，你无须担心你背后对人的赞美话语无法传到你所赞美之人的耳朵里。因为我们常能发现，一些背后的话好像更容易传进别人的耳朵。

卢铮大学毕业后，顺利地进入了一家心仪的公司。为了有更好的成长与发展，卢铮希望对自己的领导有多一些的了解。于是卢铮特意去向一名待自己很好的资深员工请教。

资深员工对卢铮说道："你有这份心思是好的，但我劝你还是谨慎一些做事！我们那位领导有些特别。当有人当面称赞他的时候，他会表现得非常高兴。然而，一段时间之后，他又会觉得那个当面称赞他的人是在溜须拍马、刻意逢迎。现在啊，我们都不知道该如何与他打交道了！"

听了这番话，卢铮有些失望，心想："在这么不近人情的领导手下做事，以后的工作就如履薄冰了。"沉思良久，卢铮的心思突然活泛起来：

"或许领导不是不喜欢听赞美的话，他只是拿捏不准别人对他的赞美有多高的真实性。"念及此，卢铮想到了一个好办法。

中午在食堂吃饭的时候，卢铮在距离领导不远处的座位上坐了下来。在吃饭的过程中，卢铮有意对身旁的同事说道："虽然我新进公司不久，但我看得出来，我们领导的工作能力确实强。我听说他今天又为公司谈下了一个大单，真是不服不行。我们领导就是我的偶像，我要是哪天也能像我们领导那样，那该有多好啊！"卢铮在说话的时候，还故意装出一副无比憧憬的模样。

不远处的领导将卢铮这番话听得一句不落，心里畅快极了。而且，领导打心底认为，卢铮所说的话一定是发自肺腑的。否则，他为何不当着自己的面说呢？

从此之后，领导开始留意起了卢铮。很快，卢铮就获得了领导的提拔。

在背后赞美他人，不仅显得真诚，而且容易让人信服。就如同卢铮那般，巧妙运用背后赞美之法，博得了领导的好感与赏识。将心比心，当我们听到有人在背后称赞我们，我们怕是也会不疑其伪，倍觉高兴。在人际交往中，若我们能玩转背后赞美他人的这一妙法，或许，我们的人际交往就会简单很多。

别因不好意思，而讳言己之不足

> 我们大可不必为自身的缺点与不足而感到不好意思。而且有的时候，因为你好意思坦诚自己的缺点与不足，你的人际交往才变得有了那么点儿意思。

在人际交往中，我们要明白这一点，承认自己的劣势、坦诚自己的缺点，能有效地使交际对象获得心理上的优越感，从而让其愿意与你交往。而且，在现实生活中，我们不难发现，那些自恃优秀而自以为是、目中无人的人，往往极难获得人们的认同。

高航与匡飞不仅是大学同学，而且是极为要好的朋友。常言道："物以类聚，人以群分。"然而，高航与匡飞的性情却是天差地别。高航的性格偏于内向，匡飞则极为张扬。

大学毕业后，两人应聘进了同一家公司，而且选择了同一个部门。

在公司里，高航为人处世非常低调有礼。而且，

高航总是大方地承认自己工作能力的不足："这个我不是太清楚，劳烦您指教一下！""您交代的事情需要注意哪些细节啊？您可否详细地给我讲解一下，以免我做错了。"凭借着这种不讳言自己不足、虚心向他人请教的态度，高航深得领导与同事的喜欢。

那匡飞呢？他则自恃有才，总是这么说："这有什么难的，我不费吹灰之力就能搞定了。""在这个世界上，还没有我完成不了的事。"因为这些张狂的言论，匡飞在公司里极不受人待见。

有一次，部门经理打算选拔一名经理助理。为了公平起见，经理决定采用提名与主动竞聘两种方式。

在自主竞聘单元，匡飞急不可耐地率先站起身来，如此说道："我觉得这个职位非我莫属！经理提出的方方面面要求，简直就是为我量身定制。至于我的工作能力，想必大伙也是看在眼里，自不必多说。论说管理能力，在大学时期，我还是学生会干部呢……"

就在匡飞唾沫横飞地侃侃而谈时，同事们在底下议论开了："就他，一个乳臭未干的、只会大放厥词的毛头小子，能行吗？""嘿，好意思拿学校那点儿芝麻大小的经验说事，他还大言不惭地振振有词，害不害臊啊！"

议论声越来越大，声音大得几乎成公开议论了。对此，匡飞置若罔闻，依然讲得津津有味。

......

等到了提名环节，高航以前请教过的一名资深前辈如此说道："我觉得高航这个小伙子就很不错，有礼貌，肯学习，做事认真负责。更为重要的是，他对我们这些老家伙非常尊重。未来是年轻人的嘛，我们就不来凑这个热闹了。所以我提议让高航这个棒小伙担任经理助理的职位。"

面对前辈的抬举，高航急忙说道："承蒙厚爱，但是我自觉我的能力不足以胜任这样的重任，怕是会辜负您的期望。"

我觉得高航这个小伙子就很不错。

见高航还是这么谦逊有礼，前辈笑道："这是哪里的话，一个人要想成长、成熟，就是要不断地挑战自我、超越自我。而且我坚信你有这样的学习能力与适应能力。再者说，还有我们在后面给你撑着，你怕

什么？"

众人听了这位前辈的一番话，纷纷点头称是。

就这样，在民主原则下，获得绝大多数人支持的高航被经理任命为经理助理。

可以看到，正是因为高航不讳言自己能力不足，从而让同事们在高航面前得到了一种优越感。更妙的是，同事们的优越感又很好地转化为了对高航的好感。而正是基于大多数人对高航的好感，高航才顺利地获得了升职的机会。

高航因不讳言自身的不足而获得了同事们的支持，匡飞因恃才狂傲、吹嘘已能而遭到了同事们的背弃，相较之下，我们完全可以断言：好意思承认自身的不足，这是人际交往的一条成功之道。

鉴于此，在日常交际中，我们就应该保持谦虚的姿态，大方承认自己的劣势，使对方获得一种优越感，以此快速赢得他人的认同。

那么，我们如何示人以弱来激发他人内心的优越感呢？

1. 慎言巧对

俗话说："人有失手，马有失蹄。"在日常交际中，我们难免会有失言的时候。或许，你的失言只是无心之过，却有可能给你带来严重的人际灾难。

那么，失言后该怎么办呢？千万不要抱着"说出口的话就如同泼出去的水"这样的认知而放任不管，也千万不要陷入不好意思的窘境里而不知所措。失言后我们首先应该谨慎、坦然地面对，诚恳地承认自己的错误，以求得他人的原谅。然后再寻找一些方法进行补救，挽回失言造成的后果。

2. 主动认错

俗话说："智者千虑，必有一失。"再聪慧的人，也难免会有犯错的时候。犯错不可怕，怕的是我们明知错了，出于维护面子的考量，就是不肯认错、不愿道歉。在人际交往中，这种抱着错误死不悔改的人，不仅难以获得他人的谅解，而且极易使自己陷入孤家寡人的窘境。

子贡曾言："过也，人皆见之；更之，人皆仰之。"若我们抛却不好意思的心理，正视我们所犯的错误，并能及时地予以改正，以及向我们所冒犯之人表达歉意，那么，我们就能有效地化解人际纠纷、更好地获得他人的好感。

事实上，自我批评总比挨别人批评要好受得多。既然如此，我们为什么不主动认错呢？再者，诚恳而巧妙地自我批评与向人表达歉意，可以有效化解尴尬的气氛，继而巩固关系、促进人际关系的良性发展。

妄自菲薄，如何好意思与人交往

> 每个人遇到的环境条件的优劣状况、客观机遇是不同的，人与人的生活履历也有一定的差异，再加上其他种种原因，人与人之间的差距总是客观存在的。但无论跟谁交往，我们都应该明白，人与人之间是平等的。

理查德·斯蒂尔曾如此说道："懂得平等待人，是最伟大、最正直的品质。"而在现实生活中，人们往往会将人际交往与地位、财富等相互牵连，以至于一些地位、财富不济的人就会妄自菲薄，而不好意思与人交往。

某电影明星将车开到 4S 店检修，接待他的是一名女工作人员。电影明星见女孩长得秀美，顿起怜爱之心。不过这位姑娘看到他后虽有些讶异之色，但并未表现出多么欢喜。

"您喜欢看电影吗？"电影明星禁不住问道。

"当然喜欢，先生。"

女孩业务纯熟，很快就修好了车。

"您可以开走了，先生。"

"小姐，您可以陪我去兜兜风吗？"电影明星似不愿放弃地追问道。

"不！先生，我还有工作。"女孩优雅地回应道。

"可是我需要查看下我的车是否真的修好了，所以我觉得您还是在我旁边比较好。"

"嗯，先生，您考虑得极是。那是您来开还是我来开呢？"

"因为是我主动邀请的您，当然是我来开。"

开了一段路程，车辆行驶良好。

"看来一切正常，不知您还有什么问题？若是没有的话，请送我回

去好吗？"

"难道你就不想与我多待一会儿吗？难道你不知道我是谁吗？"他一连问了几个问题。

"先生，我当然认识您，在您来的时候，我一眼就认出了您，我还是您的忠实影迷呢！"女孩语气平淡地回答道。

"既然这样，您为何对我如此冷淡？"

"不是这样的，先生！见到您我当然高兴，但我还有我的工作，我需要秉持专业的服务态度。而且就算来修车的人不是大明星，我也会认真地接待。人与人之间难道不应该是这样的吗？"

电影明星沉默了，女孩的话让他深刻地意识到了自己的浅薄。

"姑娘，您不仅人美，而且心地也很美！谢谢您今天对我说的话，我受益良多。好吧，我现在就送您回去。"

在女孩眼中，电影明星与普通人没有什么区别，人与人之间的交往都应一视同仁地以真诚待之。为此，她也得到了电影明星的尊重。

不要因为自己的地位低而产生自轻的心理，从而不好意思和别人交往，而应该将自己放在与他人平等的位置上，有自信、有尊严地与人相处。

1. 告诉自己：我很重要

你是否有过这样的经历，那就是被人选择性地忽视。譬如在工作中，升职加薪的好事从来落不到你的头上，在聚会中，你鲜少被别人提到。遇到这样的情况，人的心里难免会有些失落，也会不由得自问："凭什么，当我不存在吗？"为什么别人会视你如空气呢？一言以蔽之，就是你的存在感不强。

事实上，之所以一些人缺乏存在感，这与他们从小到大接受的强调"我不重要"的教育有关，泯灭了他们对自我价值的认知，使得他们缺乏强大的内心力量，总是在潜意识里习惯性地看轻自己。如此，别人又怎会看重自轻的你呢？

因此，我们应该在内心深处树立"我很重要"的信念，以此让自己的存在感变强。事实上，不断地警示自己"我很重要"就是一种自我肯定、自我激励的心理暗示。如此，一个人内心的力量才能得到释放，变得勇敢、坦然、自信起来。

二战后，日本经济几近崩溃，失业者随处可见。

一家玩具生产公司实在有些支撑不住了，于是经理决定裁掉一些"不重要"的人。

"经理，您不能辞退我们，我们很重要！"清洁工反驳道，"若缺少清洁工，又如何能为人们创造一个舒适的工作环境？没有了舒适的工作环境，人们的工作效率谈何保障？"

"经理，您不能辞退我们，我们也很重要！"司机也反驳道，"没了我们，公司又如何运输产品，又如何谈发展？"

"他们是很重要，但我们也很重要。"保安人员正色说道，"战争刚刚过去，流离失所的人遍地都是。没有我们，公司又如何能保障财产的安全？"

经理再三权衡之后，最终放弃了裁员的打算。

可以看到，清洁工、司机、保安，他们的工作虽然不是那么的"高

大上"，很多人忽视他们所做出的贡献，但他们并未因为人们的认知而
否定自我的价值。而且，正是因为他们清楚地认识到他们所做的工作对
公司意味着什么，即他们有这种认为自己"我很重要"的觉悟，才成功
地说服了经理，在那个艰难的岁月保住了自己赖以生存的饭碗。

2. 相信自己：我一定行

爱迪生曾试用 1200 种不同的材料做白炽灯泡的灯丝，但是都以失败
告终。于是有人嘲讽他道："呀，你都已经失败 1200 次了啊！"然而，
爱迪生并不认为以往的 1200 次失败试验是没有价值的，他自信地说道：
"事实上，我已经快接近成功的大门了。至少，我已经排除了 1200 种不
能做灯丝的材料。"正是秉承着这份自信，爱迪生最终获得了成功。

那些成功者的经历无不告诉我们这样一个道理：只要你相信自己行，
那你就一定行。

我已经快接近成
功的大门了。

有个美国青年叫亨利，他个子矮小，内心很自卑，三十出头的年纪
依旧一事无成。

一天，朋友找到他，神秘地对他说道："亨利，告诉你一个好消息！"

亨利没好气地回应道："你哪有什么好消息！"

朋友激动地说："真是好消息。我看到一篇文章，说是拿破仑有一个私生子流落到了美国，而且这个私生子在美国生了一个儿子。我觉得你就是拿破仑的孙子，因为太像了，无论是身材还是口音。"

亨利半信半疑："真的？"

亨利本来是不相信的，但琢磨了半天，他终于还是选择了相信。

从此之后，亨利开始以拿破仑的孙子自傲。遇到苦难的时候，亨利就会这样告诫自己："拿破仑的孙子还能被这点儿小麻烦难倒？"终于，在克服了一个又一个困难之后，亨利创立了一家属于自己的公司。

后来，亨利特意请人去调查了自己的身世，发现自己并非拿破仑的孙子，但亨利说："我之所以成功，并不是因为我是拿破仑的孙子，而是得到了一个成功的秘诀，那就是人生不能没有自信。"

自信心是一个人对自己力量充分估计的一种自我体验，是自我意识的能动表现。若说自卑是成功的敌人，那么自信就是成功的秘诀。一个有着超强自信心的人，他会相信自己的力量，他会无惧任何的困难，直至实现心中的追求。相反，一个自信心缺乏的人，他就无法意识到自己的力量，无法看清自己的优势。在追寻目标的过程中，他就会轻易地失去克服困难的信心与勇气。最终，他只能与成功失之交臂。所以说，人一定要建立起自信心。有自信的人，就没有办不成的事。

3. 警醒自己：无畏轻视

当我们在生活中遭人轻视的时候，我们该如何面对呢？事实上，这是我们每个人都必须面对的人生课题。你可以不急于解答，但必须要懂得思考。

太多的人因为在意别人对自己的评价而缩手缩脚，压抑自己的抱负与理想，乃至干脆放弃了自己的追求，最后落得泯然众人。你是否也曾如此呢？或许当我们回过头来审视我们的人生，是否有与那个还怀揣着梦想的小男孩与小姑娘聊一聊的冲动，告诉他千万要坚持梦想，但是，年轻的小男孩与小姑娘伴随着时光的流逝早已消失不见了。

有个女孩自小就酷爱文学，并梦想着有一天能成为一名作家。为此，女孩广泛阅读各类书籍以增长自己的见识，不断地写各类文章以锤炼自己的文笔。

大学毕业后，女孩完成了她真正意义上的处女作——一部爱情长篇小说。于是女孩将自己的作品给她的一位非常痴迷爱情小说的朋友看。没想到的是，朋友随便翻了几页，就皱着眉头说道："怎么说呢……这小说写的，就像裹脚布一样，又臭又长。你呀，看来确实没有这方面的天赋，还是趁早收手吧！"

朋友的评语可谓字字诛心，女孩不由得如此自省道："难道我真不是干这行的料？"此后，女孩当作家的心也就渐渐冷却了。

多年后一个偶然的机会，女孩有幸结识了一位知名作家。当女孩以一种自嘲的语气谈论起当年那部被朋友贬得一无是处的作品时，作家诧异地说道："情节分明很好啊，跌宕起伏，引人入胜。我写的还不一定有你好呢！唉，我真替你惋惜，又是一个在别人口水下夭折的文学巨匠。"

　　这个故事不由得让人扼腕叹息，一个可能成为优秀作家的人因为自己的朋友几句不知所谓的评价而放弃了自己坚持多年的梦想与追求。但是又能怪谁呢？面对朋友的打击，她为何这样轻易地被击倒？怪就怪她缺乏对自我的认知。

　　由于业务能力强，文晴进入公司不久就被领导破格提拔了。面对这一人生的喜事，文晴自然很高兴。然而，文晴很快就发现有一个老资格的同事对她的态度变得刻薄起来，而且在人前人后总是含沙射影地抱怨道："一个黄毛丫头能有什么本事，还不是仗着有一副青春的皮囊。有些人啊，来公司没几天，职位上升的速度却像是坐了火箭一般，也不知道是借了谁的势！"

　　文晴自然明白，这位老员工是对自己的快速升职心有不满，于是处处想着法子挤兑自己。说不生气当然是假的，但文晴也明白与同事搞好关系的重要性，毕竟抬头不见低头见的，日后要打交道的事还有很多。于是面对同事的诋毁与轻视，文晴总是一笑了之，然后便继续投入到工

作当中。

就这样，文晴顶着被同事怀疑、否定的巨大心理压力，不断地完善自己，业务能力也是日益精进。时间久了，那位同事逐渐地认识到文晴确实有着非常强的工作能力，也就不好意思再说什么了。

显而易见，文晴正是一个不在意他人评价、坚持走自己路的积极的例证。从文晴的遭遇可以看出，有些人之所以轻视我们，不一定是因为他们比我们好或强，也有可能是因为他们比我们差或弱，他们心理不平衡，完全是一种"吃不到葡萄说葡萄酸"的阴暗心理在作祟。面对这种人的轻视、诋毁与非议，你若在意与计较，完全就像是在与叮了你一口的蚊子置气一般，何必呢！

我们每个人都有自己的梦想与追求，也有着自己的认知与判断，虽然善听人言有时候能指导我们少走弯路，但何时我们的事可以任由别人主观臆断、断定成败，而且我们还深信不疑？

因为我们在乎别人的评价，于是当遭到别人的轻视时，我们心中坚持的梦想也往往会偃旗息鼓、瞬间崩塌。事实上，这种在乎还是因为根植于我们心中的不自信。只要我们端正自己的心态，始终做到相信自己，那么，他人施与你身上的轻视也就影响不到你的情绪，更左右不了你的生活。

4. 提升自己：择善而从

一位哲人说："如果非要我给年轻人一些有益的忠告，那么我会说，他们应该经常与比自己优秀的人在一起，无论对他们的学习还是生活，都将会有很大的益处。"

这位哲人的话可谓金玉良言。人们都喜欢与自己相近的人相处，因为这样会感到轻松、舒适与自如。但是一个人若想不断地提升自己，是不能太过贪图舒适的。只有走出让你觉得舒适的圈子，多与那些比你优秀的人交往，你才能获得进一步的提升，无论是在视野上、能力上，还是心气上。

应该经常与比自己优秀的人在一起。

舒适圈

　　你与什么样的人在一起，你就会变成什么样的人。如果你渴望成为一名成功的企业家，你就应该时常向那些成功的企业家讨教，学习他们身上的成功经验。

　　犹太人常说："与狼在一起，你能够学到它的血性与团结；与懒惰的人在一起，你也会感染上懒惰的病菌；与优秀的人在一起，你自然也会逐渐向优秀的方向行进。"

　　所以，我们要清醒地认识到，你交往什么样的朋友，在很大程度上就决定了你的命运。而这也就是我们为什么强调要走出自我感觉舒适的交际圈，多与比自己优秀的人交往的缘故。

1. 你想搭讪时，发现对方戴着耳机听歌，你会因为怕打扰而不走近吗？

A. 不会　　B. 会　　C. 看情况

2. 你看见陌生人就紧张得说不出话？

A. 不会　　B. 偶尔　　C. 会

3. 餐厅门口，一位美女不时地看表，一脸焦虑与不耐烦，怎样搭讪更好？

A. 看来你的朋友来晚了　　B. 你在等人吗

C. 你好，我可以要一下你的联系方式吗

4. 以下哪个地方搭讪容易成功？

A. 书店　　B. 咖啡厅　　C. 街上

5. 你特别幽默吗？

A. 是的　　B. 有时候　　C. 不是

6. 有人走近你，对你说"我感觉若我不来认识你，我会后悔一辈子"，你会？

A. 看看周围是不是在拍偶像剧

B. 说你这句搭讪的话太土了

C. 躲开

7. 你的外表不错，与很多人有眼缘？

A. 是的　　B. 分人、分审美　　C. 不是

8. 你喜欢冒险与刺激？

A. 是的　　B. 看情况　　C. 不是

9. 你怂恿过你的朋友去搭讪吗？

A. 有　　B. 偶尔　　C. 没有

10. 你特别容易害羞得满脸通红？

A. 不是　　B. 偶尔　　C. 是的

11. 搭讪时，第一句、第二句对方都没搭理，你觉得聪明的人会怎么做？

A. 当没搭讪过　　B. 放弃　　C. 坚持

12. 你知道什么时候该进，什么时候该退，很有判断力？

A. 是的　　B. 看情况　　C. 不是

测试结果

（A，3分；B，2分；C，1分。）

分数区段		搭讪能力
0~9分	★	你是个以成熟且理智自居的人，不屑于玩这种幼稚的搭讪游戏。
10~18分	★★	你不清楚自己要的究竟是什么，面对众多选择往往会踌躇不前。这样的你，不会轻易尝试搭讪。
19~27分	★★★	你是个有冒险精神的人，且很有头脑。对你而言，搭讪更多的是锻炼沟通能力的过程。
28~36分	★★★★	你是个极具冒险精神的人，无所畏惧，总是大胆地去搭讪。